汽车技术精品著作系列　　泰山学院学术著作出版基金资助出版

非线性汽车悬架系统减振控制方法

雷　靖　马晓燕　吴杰芳　宋家庆　著

机械工业出版社

本书结合作者与课题组成员多年的研究工作，介绍了时滞非线性悬架系统状态空间表达式的建立，包括单轮悬架、半车悬架和整车悬架；详细介绍了半主动时滞控制和几种非线性减振控制的设计方法，包括神经网络监督控制、滑模变结构控制、输入-输出反馈线性化控制、delta域最优减振控制、输入-状态采样控制以及输出反馈控制；在此基础上，运用悬架模型进行了仿真比较和验证。本书反映了作者与课题组的最新研究成果。

本书既包括理论推导、证明，又结合悬架模型进行了仿真验证，可供从事控制理论与应用的科研人员、工程人员、高等院校相关专业的教师、研究生、高年级本科生研究与参考。

图书在版编目（CIP）数据

非线性汽车悬架系统减振控制方法/雷靖等著. —北京：机械工业出版社，2021.1

（汽车技术精品著作系列）

ISBN 978-7-111-67298-2

Ⅰ. ①非⋯ Ⅱ. ①雷⋯ Ⅲ. ①汽车-车悬架-减振-研究 Ⅳ. ①U463.33

中国版本图书馆CIP数据核字（2021）第022382号

机械工业出版社（北京市百万庄大街22号 邮政编码100037）
策划编辑：孙 鹏 责任编辑：孙 鹏
责任校对：王 延 封面设计：马精明
责任印制：常天培
北京虎彩文化传播有限公司印刷
2021年2月第1版第1次印刷
169mm×239mm · 9.25印张 · 184千字
0 001—1 000册
标准书号：ISBN 978-7-111-67298-2
定价：79.90元

电话服务 网络服务
客服电话：010-88361066 机 工 官 网：www.cmpbook.com
　　　　　010-88379833 机 工 官 博：weibo.com/cmp1952
　　　　　010-68326294 金 书 网：www.golden-book.com
封底无防伪标均为盗版 机工教育服务网：www.cmpedu.com

本书的出版得到泰山学院学术著作出版基金的资助

众所周知,汽车悬架具有非线性、不确定因素、网络环境下的高传输速率、网络时滞、高采样率等特点。为此,本书旨在以汽车悬架模型为对象,研究汽车悬架系统的动力学建模与减振控制设计问题。本书主要研究的内容有:

(1) 模型建立

根据动力学原理,分别建立了时滞的单轮、半车、整车的非线性悬架系统行驶动力学模型。在此基础上,转换为具有时滞和不确定因素的非线性系统状态空间表达式,包括连续时间和采样系统的形式。通过理论和仿真证明了作者建立的采样系统模型设计的控制器,比国际上离散化系统形式更接近于连续系统及其连续控制器的性能,即作者建立的模型更接近于高速率、高采样率的网络控制系统模型,且作者设计控制器的实现更为简便、精准、有效。建立了路面不平度激励的外系统模型,使得路面不平度激励能够从普遍用功率谱密度频域激励表示的方法转化为状态空间表达式,建立了关于路面激励的频域与时域之间表达方式的桥梁,解决了以往无法将路面不平度运用状态空间表达式描述的难题。

(2) 半主动悬架时滞控制器设计

阐明了单自由度悬架在半主动时滞控制器下振动系统的时滞临界点、稳定域、镇定的条件。运用尼奎斯特曲线方法推导出了使得闭环悬架系统得到镇定的关于反馈增益、时滞和弹簧刚度、减振器阻尼的充分条件。

(3) delta 域时滞非线性系统减振控制设计

建立了 delta 域时滞非线性系统模型,将庞特里亚金极小值原理、序列逼近方法、不动点原理推广至 delta 域,设计了非线性悬架系统最优减振控制律,并运用至悬架模型进行仿真,验证了所设计控制律的有效性,比较了连续域、离散域、delta 域的区别。

(4) 非线性系统非线性减振控制的设计方法

分别运用神经网络监督、滑模变结构、反馈线性化、输入－输出、输入－状态、输出反馈等技术,介绍了针对时滞、不确定非线性系统的几种非线性减振控制器的设计方法,并在悬架系统进行了仿真,验证了所使用方法的有效性和简便性。

这些方法中包含了作者及课题组成员近几年的研究成果,例如,对于采样系统而言,delta 方法与离散方法、近似方法等均具有缺点,因为它们的离散化过程即

前言

使最接近于精确模型的系统也与连续系统存在一定的误差,并且随着系统非线性、不确定性、时滞因素影响的提高,该误差程度逐渐提高。本书提出的针对原连续系统设计的采样控制器的方法,所设计的控制能使采样系统恢复原来连续系统的性能,这一研究结果比其他采样控制的设计方法更为简单、实用、有效,效果更接近于连续系统连续控制器的设计效果。

本书主要分为三大部分:第一部分是绪论,简介了本书研究内容的背景与意义、非线性控制和汽车悬架减振控制的方法。第二部分,简介了李雅普诺夫稳定性的概念。第三部分为本书的主要部分,先是介绍了半主动时滞控制设计方法以及时滞非线性悬架系统状态空间表达式的建立,包括单轮悬架、半车悬架和全车悬架,然后详细介绍了非线性减振控制设计方法,包括神经网络监督控制、滑模变结构控制、输入-输出反馈线性化控制、delta 域最优减振控制、输入-状态采样控制、输出反馈控制,同时,每一种控制方法都应用 Matlab/Simulink 进行了仿真比较和验证。

本书的研究内容是在国家自然科学基金(61364012)、山东省自然科学基金(ZR2019MF052)、泰山学院学术著作出版基金的资助下完成的,在此由衷地感谢评审专家和基金委工作人员的信任和支持,感谢项目课题组成员不懈的努力和支持,感谢为此研究提供了无私指导和帮助的国内外同事们,感谢机械工业出版社在此书出版过程做了大量工作的编辑们。

由于作者水平有限,书中难免存有纰漏之处,恳请读者提出宝贵意见。

雷靖

目录 Contents

前言

第1章 绪论

第一节 研究背景与意义 ... 1
第二节 非线性控制 ... 3
第三节 汽车悬架减振控制 ... 9

第2章 非线性系统稳定性

第一节 李雅普诺夫稳定性的定义 ... 11
第二节 李雅普诺夫直接法 ... 13

第3章 时滞非线性汽车悬架建模

第一节 时滞非线性单轮悬架模型 ... 16
第二节 时滞非线性半车悬架模型 ... 18
第三节 时滞非线性整车悬架模型 ... 21
第四节 路面扰动外系统模型 ... 28

第4章 半主动悬架时滞控制

第一节 系统描述 ... 30
第二节 非时滞依赖控制器设计 ... 31
第三节 时滞依赖控制器设计 ... 32
第四节 仿真示例 ... 34

第5章 非线性不确定悬架神经网络最优监督减振控制

第一节 问题描述 ... 41
第二节 神经网络结构 ... 43
第三节 神经网络最优监督减振控制 ... 44
第四节 仿真示例 ... 45

第6章 时滞非线性不确定悬架滑模变结构减振控制

第一节 系统描述 ... 51
第二节 最优滑模设计 ... 53
第三节 最优滑模减振控制设计 ... 55
第四节 仿真示例 ... 56

第7章　时滞非线性悬架输入－输出反馈线性化减振控制

- 第一节　系统描述 ··· 62
- 第二节　反馈线性化控制 ··· 64
- 第三节　稳定性分析 ··· 68
- 第四节　仿真示例 ··· 70

第8章　时滞非线性系统 delta 域最优减振控制

- 第一节　系统描述 ··· 77
- 第二节　delta 域最优减振控制 ··· 77
- 第三节　在悬架系统的仿真 ··· 79

第9章　输入－状态采样反馈控制

- 第一节　状态反馈控制下的连续时间系统 ··· 83
- 第二节　采样状态反馈控制下的采样闭环系统 ······································· 84
- 第三节　采样状态反馈控制的性能恢复特性 ··· 85
- 第四节　采样输出反馈控制 ··· 86
- 第五节　仿真示例 ··· 88

第10章　非线性悬架基于扩展高增益观测器的输出反馈控制

- 第一节　系统描述 ··· 90
- 第二节　状态反馈控制 ··· 92
- 第三节　输出反馈控制 ··· 96

第11章　实验方法介绍

附录 A

参考文献

第1章
绪论

第一节 研究背景及意义

现代汽车应用的广泛性与普及性的大幅提高，使人们对汽车安全性、舒适性、易于操纵性以及智能化程度提出了更高的要求，人-车关系发生了本质的转变。研究者提出了"人-车-路"大闭环主动控制的概念，这一概念是现代车辆研究设计的新型理念，它的实现需要车辆动力学与控制理论的紧密结合。长期以来，人们一直习惯按纵向、垂向和横向分别独立研究车辆动力学问题，而实际中的车辆同时受到三个方向的输入，各方向所表现的运动响应特性必然是相互作用、相互耦合的。随着计算机技术和动力学分析软件的发展，人们已经有能力将三个方向的动力学问题结合起来进行研究，能够研究更复杂的工况以及具有非线性、不确定等多种因素影响的高维、复杂的系统。目前对于车辆动力学的研究可分为纵向动力学、行驶动力学及操纵动力学三个方面，而考虑悬架特性的车辆动力学模型是属于行驶动力学范畴，与之有关的主要性能和参数是悬架工作行程、人的乘坐舒适性、车体的姿态控制，因而悬架系统减振控制设计的目标就是为驾驶员和乘客提供良好的乘坐舒适性、车身姿态以及行驶安全性[1-8]。

20世纪90年代以后，随着集成电路和单片机在汽车上的广泛应用，汽车上的控制单元（Electronic Control Unit，ECU）日益增多[9,10]，虽然控制单元的增加提高了汽车的动力性、经济性和舒适性，但是由此带来的信号传输线束根数和线径的急剧增加势必会导致控制单元端子数增加、线路复杂、故障率增多、汽车工作的可靠性降低、电磁兼容性变差等一系列的问题，因此，汽车制造商考虑了一种全新的组织车载控制单元、传输和共享车载信号的方式——车载网络技术[11-15]。车载网络技术是多处理器之间相互连接、协调工作并共享信息的一种"协同工作"方式，它将控制单元的功能更加集成化，并且通过使用多路传输技术使得信号以总线的形式传输来达到信息资源共享的目的，不仅简化了线路、提高了各控制单元之间的通信速度，而且降低了汽车故障发生的频率，因而各大汽车生产商先后都采用了车载网络技术。1986—1989年，德国Robert Bosch公司提出了汽车车载局域网基本协议，即现在众所周知的控制器局域网（Control Area Network，CAN）协议，CAN网络是目前世界范围内最成功的车用网络，虽然此后日本也提出了各种网络方案，并且丰田、日产、三菱、本田及马自达公司都已经处于批量生产阶段，但事实上其他国家，特别是欧洲的厂家则采用 CAN。在现代轿车的设计中，CAN 已经成为必须采用的装置，奔驰、宝马、大众、沃尔沃、雷诺等车型都将 CAN 作为电子控制单元联网的手段，由于我国中高级轿车主要以欧洲车型为主，所以欧洲车型应用最广泛的 CAN 技术也是国产轿车引进的主要技术项目。全车 CAN 网络主要分为三个部分：用于系统动力总成的高速 CAN 网络（速率达 500kbit/s）、用于车身系统和用于舒适系统的低速 CAN 网络（速率为 100kbit/s），其中动力总成 CAN 网络是用于连接所有动力系统的控制单元，主要包括：发动机控制单元、自动变速器控制单元、ESP/ABS 控制单元、EPS 控制单元、悬架系统控制单元、胎压报警控制单元、整车控制单元。悬架系统为高速 CAN 车载网络系统，其具有较高的传输速率、突出的可靠性和优良的扩展性等优点，图 1.1 为 CAN 总线空气悬架控制系统的组成及其布置图，如图所示，悬架 ECU 为主节点，其他节点为子节点，即高度传感器节点、弹簧压力测试节点、电磁阀控制节点、车速采集节点、ABS 节点，CAN 总线系统采用广播模式实现悬架系统与整车的通信。由于通信网络的介入，CAN 网络也不可避免地遇到一些问题，如建模问题、控制器设计问题等。

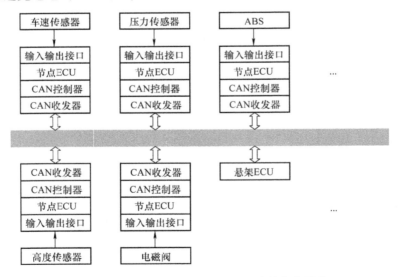

图 1.1　CAN 总线空气悬架控制系统整车布置图

建模问题。在车载网络控制系统中，由于微处理器只能处理数字信号，而将信号传输给微处理器的传感器多数产生的是模拟信号，对于微处理器将控制命令传达到的执行器，既有需要用数字信号驱动的，又有需要用模拟信号驱动的，所以在这种情况下就要采用采样系统的方式建模。以往对于采样系统设计控制器时，是使用直接将控制器和系统离散化的方法[16-18]，但是这种方法对于具有较高传输速度和采样频率的数字网络控制系统其缺点也逐渐显现：即随着采样频率的增高，离散化系统会出现极限环振荡和不稳定状态，出现这种情况的原因是，对于连续系统的系统矩阵，当采样周期很小时其离散化系统矩阵趋向于单位矩阵，显然离散化系统不趋向于原连续系统了，相反还导致采样系统所有极点位于稳定的边界上，致使系统稳定性变差。对此，20 世纪 80 年代，Goodwin 等提出采用 delta 算子方法来离散化连续系统，由此得到的 delta 域系统矩阵在采样时间很小时趋向于连续系统矩阵，也即在快速采样情形下其离散模型趋于原连续模型，可见，delta 算子不仅避免了离散化引起的数值不稳定问题，又使得连续域的各类设计方法可拓展于 delta 域，统一了连续时间模型和采样时间模型的描述[19-21]。但是这种优越性仅对于线性系统表现明显，对于非线性系统，非线性（尤其是强非线性）因素对系统稳定性的影响相比较于线性部分占主导地位，因而上述两种采样系统建模方式都不理想，尤其是对于高传输速率和高采样率的 CAN 网络。

网络时滞问题。 网络时滞是极为普遍的[22-24]，构成网络诱导时滞的主要因素有：数据包排队等待时滞、信息产生时滞、传输时滞和数据处理、计算时滞等。时滞会减低系统的性能，使系统的稳定范围变小，甚至使系统不稳定。网络诱导时滞的形式主要取决于网络系统所采用的媒体访问控制方式。例如，在 CAN 总线网络中采用带有信息优先级仲裁的载波监听多路访问协议，每个节点要发送的数据信息都规定有优先级，当多个节点同时访问网络时，具有较高优先级的节点可以不中断地连续发送，具有较低优先级的节点数据被终止发送，当网络空闲时再发送，因此 CAN 网络不会出现节点冲突，也不会发生网络拥塞；并且节点传输数据的时滞是随机、有界的，当网络传输周期和发送时刻已知时，两节点之间的时滞是确定的常值[24]（因此，本书采用已知常量时滞进行研究）。时滞系统的分析与综合一直是国内外专家学者的研究焦点之一[25-37]，其原因一是由于时滞系统属于泛函微分方程，其解空间是无限维的，求解过程复杂、困难；其二，时滞的介入会使原来稳定的系统变为不稳定系统，对悬架系统而言则是引起轮跳、混沌、不合拍等现象。振动控制系统中的时滞问题非常普遍，不容忽视，在此背景下，一系列解决方法踊跃发表，例如应用于车辆悬架系统的时滞控制、自适应控制、鲁棒控制[29-37]等。

由此可见，CAN 高速网络环境下悬架系统减振控制的研究是一个具有理论价值和现实意义的课题。本书以基于车载 CAN 网络环境下的汽车悬架系统为背景，研究了具有时滞、非线性特性、不确定性等多因素影响的悬架系统动力学建模、状态空间表达式建模、主动和半主动减振控制器的设计和仿真验证。本书的研究成果对于时滞非线性系统非线性控制器的设计和汽车悬架减振控制的研究在理论和应用方面具有一定参考价值。

第二节　非线性控制

线性控制已成为一个成熟的理论，它有许多有效的方法，且在工业应用中具有相当长的成功历史，然而，越来越多的来自航空航天控制、机器人、过程控制、生物医学工程等领域的研究人员和设计师们对发展和应用非线性控制的方法论表现出强烈的兴趣，其原因主要有：

1）线性控制的一个假设是系统的模型可以被线性化，但在控制系统中有许多非线性因素的不连续性不具有线性近似，诸如干摩擦非线性、饱和非线性、死区非线性、间隙非线性等，因此，发展非线性技术来预测这些非线性因素所产生的效应，并运用适当的控制将其补偿掉，是一种可行的方法。

2）对非线性模型采用线性控制的另一假设是系统运动是小范围的，当所要求的运动范围大的时候，线性控制器效果变差，甚至不稳定，因为此时系统的非线性得不到恰当的补偿。

3）在设计线性控制器时，通常需要先假设系统模型的参数已知。但在许多控制问题中，可能会由于参数的慢时变或突然变化引起模型参数有不确定性。基于不准确或过时的模型参数值得到的线性控制器，其性能可能严重降低，甚至不稳定。因而，如果将非线性因素有意识地设计到控制器中，可以使模型的不确定性得到容忍，提高系统的鲁棒性和自适应性。

另外还有一些直接或间接的原因，比如设计的简化、费用或效益的优化等，导致不得不采用了线性控制器，然而，随着设计环境的提高和重视度的增加，非线性控制逐渐得到不可或缺的使用。非线性控制是一个极其重要的研究领域，它能够更加有效地处理实际控制问题，尤其是随着计算机技术的发展，计算难度大为降低，高效微处理器使得非线性控制器的实现变得简单，现代技术对于控制系统有着更为严格精确的设计规定，因而，非线性控制在控制工程中占有越来越显著的重要地位。

在短短的几十年里，非线性控制技术取得了实质性的进展，例如，最优控制、积分控制、时滞控制、鲁棒控制、自适应控制、模糊控制、神经网络控制、滑模控制、反馈线性化、反步法等。以下简单介绍几种与本书相关的非线性控制技术。

1. 非线性最优控制

对于非线性最优控制，一方面，一些经典的方法有着繁杂的计算工作量及实现的不便性，例如，Hamilton – Jacobi – Bellman 方程法，它可以给出最优解析解，但不幸的是在大多数情况下，这种偏微分方程是不能求得解析解且是不可能解出的；另一方面，一些简单的算法非常便于设计但却缺乏强有力的理论证明[38]。一些转换的方法得到运用[39-42]，例如，状态依赖 Riccati 方程法[39,40]、逆优化方法[41]。另外还有利用近似解求得系统的次优控制的方法，例如：基于级数展开的近似解法[43]，该方法通过级数展开的方法求解 HJB 方程，利用解的无穷级数和近似最优控制；Galerkin 逐次逼近法[44]，直接将 HJB 方程化为一族非线性向量微分方程序列，利用解序列的极限逼近最优控制；状态依赖 Riccati 方程迭代方法[39],[40],[45,46]，通过引入临时变量并在其邻域将时变 Riccati 矩阵展开成幂级数，将 Riccati 方程的求解转化为矩阵微分方程序列的求解问题,并进一步得到系统的次优控制律。对于时滞非线性系统,Kolmanovskii 和 Shaikhet[47]运用动态规划方法设计了非线性时滞系统的最优控制;Balachandran[48]运用 Darboux 不动点定理证明了非线性多时滞系统的最优控制解的存在性。本书第 8 章利用文献[48]的方法推导了非线性时滞系统最优振动控制并运用到悬架仿真中。

2. 时滞控制

在过去对时滞的研究中,时滞对系统性能的负面影响一直是人们关注的焦点,即时滞会导致控制设计的复杂性,并且在稳定性和振荡方面具有潜在的灾难性[49-51]。在当前的一些研究工作中,人们研究了延迟的有益特性,如阻尼镇定、时滞谐振器等[51]。事实上,时滞具有镇定作用的概念已经在文献中出现过,例如文献[52]和[53]。基于这一思想,一系列积分器通过使用多个时滞链来镇定系统[54];通过在控制律中引入时滞来镇定混沌系统中的不稳定周期轨道[55];文献[56]证明了系统存在足够小的时滞,使得闭环稳定性仍然得到保证。关于时滞镇定作用的进一步讨论和想法可以从一些文献中找到[57-59]。本书第 4 章利用时滞的正面镇定作用设计了单自由度半主动悬架控制。与主动悬架相比,半主动悬架的动力消耗要小得多。此外,半主动控制律比主动控制律简单得多。因此,一些半主动悬架可控阻尼器在工程实现中更具实用性,如电流变阻尼器、磁流变阻尼器等[60-62]。本书第 4 章在单自由度半主动悬架的控制器中人为设计了时滞,在不容易设计或实现无时滞控制器的情况下,时滞控制器可能更有用且更具成本效益。

3. 神经网络监督控制

汽车悬架控制在现代汽车研究中占有重要地位,为了在多个性能要求(如乘坐舒适性、道路保持性、道路损坏最小化等)之间实现折中,最优控制应该是一个更合适的选择,例如,线性二次型调节器是主要的传统技术之一[63-65],由此可知,最优控制可以使悬架以组合方式满足性能要求。但当行驶速度、路况、行驶环境等行驶条件发生变化时,应及时调整控制参数使控制律能够抑制振动,重要的是这种调整应该在满足性能要求的同时快速响应变化,显然,附带线下计算的最优减振控制很难实际实现这一目标。另外,如果采用基于神经网络(NNC)的控制器,由于 NNC 具有很强的泛化能力、学习能力和自适应能力,快速响应的问题很容易得到解决,这一优势在许多文献中都有报道,如文献[66-68]。一些技术可结合神经网络用于车辆悬架的控制,如预测控制[69,70]、滑模控制[71-73]、模糊逻辑[73,74]、遗传算法[75]、反步法[75]。然而,在以往的研究中,很少有人研究车辆悬架的最优监督控制。本书第 5 章提出了一种神经网络监督最优减振控制设计方法,该模型由最优减振控制训练而成,前者在后者的监督下进行训练,根据不断变化的行驶条件及时在线调整权重。用于悬架模型的仿真示例验证了神经网络监督最优控制的优点和灵活性。

4. 滑模变结构控制

人们已经提出了各种方法来解决扰动抑制问题,如 H_∞ 控制[77]、自适应控制[78]、内模控制[79]、滑模变结构控制(VSC)[80]、最优控制[81-83],最优扰动抑制出现在各种应用中,例如车辆发动机[81]、阻尼系统[82]、航天器姿态控制[83]。然而,在现实中,非线性、不确定性或时滞等因素对实际系统有很大的影响[84-95],尤其是在当今的大型信息通信系统中。非线性、不确定性或时滞等因素使系统和计算更加复杂和困难,此外,它还带来了实际参数与精确参数之间的差异。因此,在系统建模中必须考虑非线性、不确定性或时滞。近年来,这些问题引起了人们的广泛关注,出现了一系列设计此类系统的控制技术,如文献[84-103]所述。解决其中任何一个问题都不是一件容易的事,更不用说集中精力解决所有这些问题了。本书第 6 章对非线性不确定时滞系统的干扰抑制问题设计了滑模变结构控制,原因在于变结构控制对一大类不确定或干扰具有不敏感性[103-107]。在以往的 VSC 研究中,一些文献给出了不确定或非线性系统的解[84],[103,107];一些文献给出了时滞系统的解[88,89];但很少有人关注非线性不确定和时滞系统。本书第 6 章针对一类非线性不确定时滞系统,提出了一种相对简单的变结构控制方法,它基于近似序列法[45],[99,100]和有限谱分配法[95,97]的结合:运用泛函变换方法将时滞系统转化为无时滞系统,将原问题从无穷维空间简化为有限维空间;采用近似序列法设计最优滑模面,将非线性滑模面简化为线性两点边值问题,并在变结构扰动抑制控制中设计了相应的补偿器,使非线性系统的非线性度达到最大;为了解决其物理实现问题,构造了一个降阶观测器来重构扰动状态向量,从而实现了基于观测器的动态变结构控制;最后,将所设计的变结构控制应用于一个具有非线性、不确定性和时滞特性的单轮汽车悬架模型,通过与开环系统的比较验证了所设计控制的有效性和简单性。

5. 反馈线性化

反馈线性化的基本思想是:利用在控制器中设计的非线性项来抵消系统中的非线性项,然后对得到的线性系统设计控制器。这种方法被用来解决许多实际的非线性控制问题,尤其是可输入输出线性化或最小相位系统。但当系统模型具有参数不确定性和面临干扰时,这种方法不能保证闭环系统的鲁棒性。众所周知,汽车悬架在现实中表现出许多非线性行为[92],[108,110]。因此,为了建立一个真实的悬架模型,必须考虑非线性因素,以便对非线性效应进行补偿,以保持车辆在各种工况下的性能。在以往的研究中已经引入了许多方法,如非线性 H_∞[111,112]、滑模[92]、自适应[113]。本书第 7 章探讨了反馈线性化方法[114,115]来解决非线性控制设计问题,该方法的一个优点是避免了求解非线性问题的沉重的数值计算负担,另一个优点则是与一些基于线性近似的方法(如 Jacobi 线性化、数值逼近)不同,它利用代数转换将非线性系统转换为完全或部分线性系统,从而使线性控制方法在解决问题中的应用成为可能[116-118]。然而,对于时滞非线性系统反馈线性化的研究却很少，因为它确实是一个挑战。

目前，时滞问题因其对系统稳定性的潜在破坏性而备受关注。在主动悬架系统中，控制信道中不可避免地会产生时延。忽略时滞会使动态建模不精确，影响闭环稳定性。近年来，业界研究了主动悬架执行器动力学中存在时滞的尝试[18],[36,37],[119,120]。与以往的研究不同，本书第7章探讨了用输入－输出反馈线性化方法设计时滞非线性悬架系统的非线性控制，该方法比其他非线性控制设计方法具有许多优点。另外，对于大多数非线性悬架模型，非线性是众所周知的[116],[121-123]，这促使我们采用反馈线性化方法来解决悬架非线性问题。首先，通过反馈线性化控制器中设计的非线性控制消除系统中的非线性项。然后，基于有限谱配置思想[95,96]，将原时滞系统转化为等效无时滞系统，从而将无限维时滞系统的控制设计简化为有限维时滞系统。因此，在非线性控制律中设计了一个控制记忆项来补偿执行器延迟所产生的影响。同时，利用所设计的前馈控制项抑制了路面扰动的影响。此外，针对某些状态变量的物理不可实现性，本书作者提出了一种基于观测器的动态控制方法，解决了由控制时滞带来的预测控制器的物理实现问题。最后，本书作者通过与开环系统、无时滞补偿控制和Jacobi线性化控制的比较，验证了非线性反馈线性化控制的优越性。

6. 输入－状态采样反馈控制

随着计算机在各个领域的广泛应用，自20世纪中叶以来，信号处理和控制已从以前直接模拟液压、气动和电气仪表连接到数字计算机控制器和模拟传感器的连接。到目前为止，有关采样数据建模与控制的文献已发表很多，如文献[124－128]。简单地说，采样系统的控制设计主要有两种策略。第一种策略设计一个离散时间控制器来镇定近似离散时间模型，例如文献[129－138]以及其中的参考文献。在非线性系统输入－状态稳定（ISS）方面，文献[135]通过采样数据具有扰动的非线性系统的近似离散时间模型设计了镇定控制器。文献[133]指出，如果连续时间闭环系统满足一定的耗散不等式，则闭环采样系统的离散时间模型将满足半全局实用意义上的类似耗散不等式。文献[131]和[132]研究了系统和测量干扰信号作用下的采样数据观测器。

在第二个策略框架中，控制器是针对连续时间模型设计的，该模型连接在取样器和保持器之间，例如文献[139－144]。在输入－状态稳定方面，文献[140]证明了全局状态镇定的条件。文献[143]根据相应离散时间系统的估计和描述样本间增长的函数，为采样数据非线性系统提供了一个显式的稳定性或输入－状态稳定估计。文献[144]提出了一种输出反馈形式的非线性系统抗干扰的采样控制方案。值得注意的是，文献[145]中的研究揭示了连续时间系统的控制器和ISS－Lyapunov函数与采样系统的控制器和ISS－Lyapunov函数之间的联系。此外，文献[146]采用精确采样控制器的截断来定义近似采样控制器，以解决实现问题。

尽管研究者已经取得了丰硕的成果，但仍有一些值得探讨的地方。研究者关心的本质是采样数据系统的性能是否接近原始的连续时间[138,140],即性能恢复特性。然而,在文献中,虽然已经通过许多复杂的控制和采样方案研究了 ISS 的特性,但是对于采样数据控制下的轨迹收敛性到连续时间控制还没有给出,如文献 [131 - 135],[140],[144]。对于第一种策略,它忽略了系统在采样周期内的行为,这意味着在被忽略的周期内会出现一些意想不到的现象,如峰值、有限时间逃逸;此外,用于镇定近似模型的控制器可能无法镇定精确的离散时间模型[136,138]。另外,对于采样数据系统的 ISS 特性的研究大多集中在状态反馈控制上,如文献 [133 - 135],[140]。众所周知,状态反馈需要所有的物理状态都能被测量出来,这是一个理想的选择,而在实践工程中,由于物理和经济的原因,大多数情况是只测量物理状态的一部分来用于设计输出反馈控制。

在这种背景下,本书第 9 章致力于研究非线性采样系统的输出反馈控制设计问题,而且同时研究了采样点和相邻采样点时刻内两种情形下的行为。从 ISS 和轨迹收敛两个方面揭示了系统的性能恢复特性,即在存在扰动的情况下,采样数据闭环系统的轨迹不仅能够达到输入 - 状态稳定,而且接近连续时间系统的轨迹。具体地说,其特点包括:①所有的证明都是在存在扰动的情况下进行的,这是对文献 [141] 的一个扩展,该研究证明了渐近稳定和轨迹收敛,但没有考虑干扰;②这些性质不仅在采样点上,而且在采样点之间,这被第一种策略忽略了;③提出了一种通用的观测器形式,而不是一种特定的形式;④针对无差拍观测器(如文献 [141] 和 [147])或高增益观测器(如文献 [139] 和 [142])提出的峰值现象问题,给出了相应的饱和控制策略,通过仿真比较,验证了所提出的输出反馈采样控制器与状态反馈离散时间控制器的性能,证明了该策略的优点。

7. 高增益观测器输出反馈控制

汽车悬架的研究已有几十年的历史,已提出的悬架控制多种多样,在实际工程中,由于不可测性或经济性的原因,状态反馈控制往往不能在物理上实现。为了解决这个问题,研究者们重构了不可测状态[148,149],但文献 [149] 所设计的观测器是开环的,这在实际应用中会面临很大的挑战。

扩展高增益观测器(EHGO)自提出以来,已有近十年的研究[150]。与其他观测器相比,它的优点是不仅克服了建模的不确定性,而且通过它输出反馈恢复了系统在状态反馈下的性能。换句话说,如果状态反馈控制下的闭环系统是指数稳定的,那么输出反馈控制下的闭环系统也可以达到指数稳定,并且其轨迹将接近前者,这是高增益观测器相对于其他观测器的独特之处。然而,以前使用扩展高增益观测器的输出反馈控制主要集中在渐近稳定性上,很少涉及 ISS,更不用说 RISS 了。但在实际工程中,所设计的控制不需要在任何时候都要求达到渐近稳定,有时达到 RISS 则可节省更多的能量和金钱。

为了设计车辆悬架的主动控制,一些研究的目标是渐近或指数镇定。但在现实中,人们不可能也不需要完全抑制来自道路垂直方向的振动。理想或可接受的情况是，振动可以被抑制在一定的范围内，而车内人员的身体不会意识到它。对于这种控制，在控制领域我们称之为实际稳定性或 ISS。但实际上，只有 RISS 可以实现，因为实际物理值有其无法超越的限制[151]。本书第 10 章旨在通过对这一问题的研究来发展前人的研究，即如何通过设计一个 RISS 意义上的汽车悬架 EHGO 来获得输出反馈控制、获得车辆悬架的 RISS 应满足什么条件，并且在仿真中验证了第 9 章所设计的采样控制器的有效性和优越性。

第三节 汽车悬架减振控制

悬架是现代汽车重要组成之一，它是车身与车轮之间弹性连接的机构，一般由弹性元件、导向机构和减振器三部分组成。弹性元件用来承受并支撑垂直载荷，缓和由不平路面引起的对车身的冲击；导向机构用来传递车轮和车身之间的一切力和力矩，并确定车轮相对车身的运动规律；减振器则用以减轻、限制由冲击载荷引起的车身振动。悬架系统对汽车的平顺性、乘坐舒适性、操纵稳定性、通过性、安全性等多种性能都有很大的影响，因此，悬架系统一直是汽车设计、研究人员非常关注的问题之一。

一、汽车悬架减振控制

按照悬架控制的工作原理不同，可分为被动悬架控制、主动悬架控制和半主动悬架控制。相对于被动悬架控制和半主动悬架控制，主动悬架控制能够改善悬架系统在大频率范围内的减振性能，并能适应基于持续扰动力的系统变化[64]。随着现代汽车技术的迅速发展，主动悬架系统控制问题得到了深入的研究，例如，对于线性悬架系统运用 LQ、LQR、LQG 方法[63-65],[152-154]，预见控制[155-157]，H_∞/H_2 控制[36,158]，LMI 技术[159]。

二、非线性悬架系统减振控制

汽车悬架系统并不是严格的线性，而是具有多种非线性，例如，轮胎的离地现象（lift–off phenomenon）[160]，二次阻尼（quadratic damper）[161,162]等。尤其是，由于支柱和衬套中的摩擦或叶片弹簧悬架叶片间的摩擦，造成力和位移之间表现出的迟滞特性[162-164]。采用线性模型会使得当载荷增加时非线性弹簧与其线性模型之间的差异随之增大，只有在控制器中对非线性进行补偿，才能在长距离的车辆操作中达到性能指标。事实上，一些应用于线性系统最优减振控制的方法，同样可以扩展到非线性系统的最优减振控制中。例如，线性化方法、LQ/LQR/LQG 等。但更多采用的是非线性控制方法，例如，非线性 H_∞ 控制[111,112]，滑模控制[92]，非线性自适应控制[113]，预测控制[165]，增益预设[166]，神经网络[148]，反馈线性化[149]，模糊控制[167]，混合控制[168]等。

三、采样悬架系统减振控制

在车载网络控制系统中,由于微处理器只能处理数字信号,而将信号传输给微处理器的传感器多数产生的是模拟信号,对于微处理器将控制命令传达到的执行器,既有需要用数字信号驱动的,也有需要用模拟信号驱动的,所以在这种情况下要采用采样系统的方式建立的模型才更为符合实际。以往对于采样系统设计控制器时是使用直接将系统离散化的方法[16-18],但是,这种方法对于具有较高传输速度和采样频率的数字网络控制系统具有明显的缺点:随着采样频率的增高,离散化系统会出现极限环振荡和不稳定状态。出现该情况的原因是:当采样周期很小时离散化系统矩阵收敛于单位矩阵,而不是原连续系统矩阵,这样导致采样系统所有极点位于稳定的边界上,致使系统的稳定性变差。而 delta 域离散化方法[19-21]使得 delta 域系统矩阵在采样周期趋于零时其收敛于原连续系统矩阵,也即在高采样速率的环境下 delta 域模型趋于原来的连续模型,可见 delta 算子不仅避免了离散系统在采样周期很小时系统趋于不稳定问题,又使得连续域的各种控制器的设计方法可拓展于 delta 域,统一了连续时间模型和离散时间模型的描述。但这种优越性仅表现在线性系统的情况,对于非线性系统,delta 域方法仍面临同样的挑战。本书结合 CAN 环境高采样率的特点提出的采样控制设计方法,针对原连续系统设计控制器继而对其离散化,然后将其作用于连续系统,这样构成的混杂采样系统被证明能够恢复原连续系统在其连续控制器下的性能,通过比较更接近于连续控制系统的控制效果。

第 2 章 非线性系统稳定性

对于一个数学模型已知的系统,要解决的首要问题就是判断系统的稳定性,因为不稳定的系统是不能正常工作的。系统在受到外界干扰后偏离了原有的平衡状态,而通过施加的控制力系统能够克服干扰且有能力在一个新的平衡状态下继续工作,系统的这种能力叫作系统的稳定性。在经典控制理论中,对于单输入-单输出的线性定常系统,可以用奈奎斯特判据、劳斯判据等来判断系统的稳定性。但当系统是时变的或非线性的时,这些判据就不能应用了。本章将介绍可用来确定时变系统或非线性系统的更一般的方法——李雅普诺夫(Lypunov)直接法(也称为李雅普诺夫第二方法),也就是不用解出状态方程就可确定系统稳定性的一种方法。

第一节 李雅普诺夫稳定性的定义

线性系统的稳定性取决于系统的结构参数,与系统的初始条件及外界扰动的大小无关;而非线性系统的稳定性则与初始条件及外界扰动的大小都有关系。在经典控制理论中没有给出同时适用于线性系统与非线性系统的一般的稳定性定义。李雅普诺夫直接法是一种普遍方法,对于线性系统与非线性系统都适用。李雅普诺夫给出了对于任何系统都适用的关于稳定性的一般定义。

一、状态向量的平衡状态及球域

(一)状态向量的平衡状态

设系统的状态方程为

$$\dot{x} = f(x,t)$$

设当 $f(x_e,t)=0$ 时的 x_e 为系统的平衡状态。由于对于任意的平衡状态,都可以通过适当的线性变换将它转换至状态空间的原点,所以不失一般性,可以把平衡状态取为状态空间的原点,即 $x_e=0$。

(二)状态向量的范数

状态向量 x 与其平衡状态的距离可用范数 $\|x-x_e\|$ 表示。若平衡状态选为坐标原点,则状态向量至坐标原点的距离可用范数 $\|x\|$ 表示。对于 n 维状态空间,有

$$\|x\| = (x^T x)^{\frac{1}{2}} = \left\{ \begin{bmatrix} x_1 & x_2 & \cdots & x_n \end{bmatrix} \begin{bmatrix} x_1 \\ x_2 \\ \vdots \\ x_n \end{bmatrix} \right\}^{\frac{1}{2}}$$

（三） n 维状态空间中的球域 $S(\varepsilon)$

在 n 维状态空间中的球域 $S(\varepsilon)$ 是表示这样的一个空间，在此空间中的任一点至状态空间的原点的长度（即范数）都小于 ε。显然，二维空间中的球域 $S(\varepsilon)$ 为一半径是 ε 的圆，三维空间中的球域 $S(\varepsilon)$ 为半径为 ε 的圆球。而对于 n 维状态空间，$S(\varepsilon)$ 则是一个用 n 维状态变量组成的抽象状态空间。

二、李雅普诺夫稳定性的定义

稳定性的物理意义是指一个系统的响应是否有界。李雅普诺夫将系统的稳定性定义为三种情况：

（一） 稳定

系统的平衡状态为 $x_e = 0$。设系统处于某一初始状态 $x(0)$，当系统受到一个扰动时，系统的状态响应的幅值（即范数）是有界的，则称系统是稳定的。

将系统稳定的情况用数学公式来表示就是：对于任意的 $\varepsilon > 0$，必有 $\delta > 0$，使得 $\|x(0)\| < \delta$ 就能保证 $\|x(t)\| < \varepsilon$，则对应的系统就叫作稳定的。

（二） 渐近稳定

系统的平衡状态为 $x_e = 0$，设系统处于某一初始状态 $x(0)$，当系统受到一个扰动，系统状态响应的幅值（范数）最终总会回到原来的平衡状态时，则称系统时渐近稳定的。

将系统渐近稳定的情况用数学公式表示就是：对于任意的 $\varepsilon > 0$，必有 $\delta > 0$，使得当 $\|x(0)\| < \delta$ 时，不仅 $\|x(t)\| < \varepsilon$，而且有 $\lim_{t \to \infty} \|x(t)\| = 0$，则系统是渐近稳定的。

（三） 不稳定

设系统处于某个初始状态 $x(0)$，当系统受到一个扰动时，系统状态响应的幅值（范数）是无界的，则称系统是不稳定的。

将系统不稳定的情况用数学公式表示就是：对于某一 $\varepsilon > 0$，无论怎样取 $\delta > 0$，$\|x(0)\| < \delta$ 时，总能找到某个 $t > 0$，使得 $\|x(t)\| > \varepsilon$，则系统是不稳定的。

三、关于李雅普诺夫稳定性定义的讨论

从上面给出的李雅普诺夫的三种情况的定义可以看出，球域 $S(\delta)$ 限制着初始状态 $x(0)$，这反映了非线性系统的情况，而线性系统则不存在这个限制。如果 δ 任意大，系统都是渐近稳定的，则称这个系统是大范围渐近稳定的。显然，线性系

统若是渐近稳定的，就都是大范围渐近稳定的，而非线性系统就不一定是这样的。

李雅普诺夫的稳定性定义还表明，球域 $S(\varepsilon)$ 给出了系统响应的边界。实际上对于线性系统，只有渐近稳定的系统才叫作稳定的。在经典控制理论中，只有线性系统才有明确的定义。而李雅普诺夫的稳定性定义则概括了线性系统与非线性系统的一般情况。

第二节　李雅普诺夫直接法

一、什么是李雅普诺夫直接法

早在1892年，俄国的李雅普诺夫就给出了研究稳定性的李雅普诺夫法：李雅普诺夫第一法和李雅普诺夫第二法。由于受到当时条件的限制，李雅普诺夫法在工程上并不实用。随着现代控制理论和计算技术的发展，应用李雅普诺夫法来研究控制系统的稳定性不仅是十分必要，而且是完全可能的了。这也就是在现代控制理论中又重提李雅普诺夫法的原因。

李雅普诺夫第一法是把非线性函数用近似级数表示，然后用近似方法解这个非线性方程；李雅普诺夫第二法不是通过解方程，而是通过一个叫作李雅普诺夫函数的纯量函数来判别系统的稳定性。由于李雅普诺夫第二法不用解方程就能直接判别系统的稳定性，所以又叫作李雅普诺夫直接法。

对于现代控制理论来说，李雅普诺夫直接法具有更明显的优越性。因为求解非线性系统和时变系统的状态方程一般都很困难，所以不用解方程就能确定系统的稳定性就显得更为优越。另外，用李雅普诺夫直接法不仅能判别系统是否稳定，还能分析线形或非线性系统的瞬时响应。因此在现代控制理论中引起重视的是李雅普诺夫直接法。

李雅普诺夫直接法是从能量的观点来分析系统的稳定性。如果一个系统储存的能量是逐渐衰减的，这个系统就是稳定的，反之，如果系统不断从外界吸收能量，系统的能量越来越大，这个系统就是不稳定的。李雅普诺夫直接法就是个普遍的方法，李雅普诺夫函数 $V(x)$ 不仅限于是能量函数，实际上很多复杂的系统往往不能直观地找到能量函数，可以把 $V(x)$ 看成虚构的能量函数，只要能找到纯量函数 $V(x)$，根据 $V(x)$ 和 $dV(x)/dx$ 的符号就能判别系统的稳定性。这样一来，判别系统稳定性的问题就可以归结为寻找李雅普诺夫函数 $V(x)$。过去，要想找到李雅普诺夫函数是靠试探，要凭人的经验和技巧，这也是李雅普诺夫直接法长期以来不能推广的主要障碍。数字计算机的发展使这一障碍正在逐渐得以清除，就像数字计算机把整个控制理论从频域带回时域一样，它也把稳定性的判别从奈奎斯特判据等带回到李雅普诺夫直接法。由数字计算机不仅可以找到所需要的李雅普诺夫函数，而且还能找到系统的稳定区域。

二、李雅普诺夫直接法

(一) 关于李雅普诺夫函数 $V(x)$ 符号性质的几个定义

1. 关于 $V(x)=0$ 是正定、半正定、负定及不定的定义

若 $x=0$ 时，$V(x)=0$，而 $x\neq 0$ 时，$V(x)>0$，则 $V(x)$ 叫作正定的。

若除了 $x=0$ 及某些状态时以外，$V(x)$ 都是正的，则 $V(x)$ 就叫作半正定。

若 $-V(x)$ 是正定的，则 $V(x)$ 就是负定的。

若 $-V(x)$ 是半正定的，则 $V(x)$ 就是半负定的。

若 $V(x)$ 既可为正也可为负的，则 $V(x)$ 就叫作不定的。

2. 二次型标量函数的正定性

二次型标量函数 $V(x)$ 可以表示为

$$V(x) = x^{\mathrm{T}} P x = \begin{bmatrix} x_1 & x_2 & \cdots & x_n \end{bmatrix} \begin{bmatrix} p_{11} & p_{12} & \cdots & p_{1n} \\ p_{21} & p_{22} & \cdots & p_{2n} \\ \vdots & \vdots & & \vdots \\ p_{n1} & p_{n2} & \cdots & p_{nn} \end{bmatrix} \begin{bmatrix} x_1 \\ x_2 \\ \vdots \\ x_n \end{bmatrix}$$

式中，P 为对称矩阵；二次型函数 $V(x)$ 的正定性可用 Sylvester 准则来判断：二次型函数 $V(x)$ 为正定的充要条件是矩阵 P 为正定矩阵，即 P 的主子行列式为正，即

$$p_{11} > 0, \begin{vmatrix} p_{11} & p_{12} \\ p_{21} & p_{22} \end{vmatrix} > 0, \cdots, \begin{vmatrix} p_{11} & p_{12} & \cdots & p_{1n} \\ p_{21} & p_{22} & \cdots & p_{2n} \\ \vdots & \vdots & & \vdots \\ p_{n1} & p_{n2} & \cdots & p_{nn} \end{vmatrix} > 0$$

(二) 关于李雅普诺夫直接法的三个定理

针对稳定、渐近稳定和不稳定三种情况，下面不加证明地给出李雅普诺夫三个定理。这三个定理给出了系统稳定性的充分条件，而不是必要条件。

定理 2.1 如果存在一个李雅普诺夫函数 $V(x)$，它满足：

(1) $V(x)$ 对于所有的 x 具有连续的一阶偏导数；

(2) $V(x)$ 是正定的，即 $V(x)|_{x=0} = 0, V(x)|_{x\neq 0} > 0$；

(3) $\dot{V}(x) = \mathrm{d}V(x)/\mathrm{d}x$ 是半负定的，即当 $x\neq 0$ 时，$\dot{V}(x) \leq 0$。

那么由状态方程 $\dot{x}=f(x)$ 描述的系统在原点附近就是稳定的，其中 $\dot{V}(x)$ 为纯量函数 $V(x)$ 沿系统 $\dot{x}=f(x)$ 的状态轨迹方向计算的时间导数，即

$$\dot{V}(x) = \frac{\mathrm{d}V(x)}{\mathrm{d}x} = \frac{\mathrm{d}V(x)}{\mathrm{d}x} \frac{\mathrm{d}x}{\mathrm{d}t} = \frac{\mathrm{d}V(x)}{\mathrm{d}x} f(x)$$

令 $\nabla V = \dfrac{\mathrm{d}V}{\mathrm{d}x}$，并将 ∇V 称为 V 的梯度，则有

$$\dot{V}(x) = f(x) \cdot \nabla V$$

这个定理要求 $\dot{V}(x)$ 是半负定的，即其中包括有 $\dot{V}(x)=0$ 的情况。实际上如果一个正定函数 $V(x)$，它的导数始终为零，那么系统就保持在一个极限环上。对于这种情况，在原点处的平衡状态在李雅普诺夫意义下也认为是稳定的。

定理 2.2 如果存在一个李雅普诺夫函数 $V(x)$，它满足：

（1）$V(x)$ 对于所有的 x 具有连续的一阶偏导数；

（2）$V(x)$ 是正定的；

（3）$\dot{V}(x)=\mathrm{d}V(x)/\mathrm{d}x$ 是负定的，其中 $\dot{V}(x)$ 是沿系统状态轨迹方向计算的时间导数。

那么这个系统就是渐近稳定的。若满足了以上条件以外，当 $\|x\|\to\infty$ 时，$V(x)\to\infty$，系统就是在大范围内渐近稳定的。

定理 2.3 如果存在一个李雅普诺夫函数 $V(x)$，它满足：

（1）$V(x)$ 对于所有的 x 具有连续的一阶偏导数；

（2）$V(x)$ 是正定的；

（3）$\dot{V}(x)=\mathrm{d}V(x)/\mathrm{d}x$ 是正定的，其中 $V(x)$ 是沿系统状态轨迹方向计算的时间导数。

那么这个系统在原点附近就是不稳定的。

如上所述，以上3个定理给出了判断系统稳定性的充分但不必要条件，也就是说，如果找不到满足这些条件的李雅普诺夫函数，并不能断定系统是否稳定、渐近稳定或不稳定。至于怎样寻找李雅普诺夫函数，它正是目前人们正在不断探索与解决的问题。

第 3 章
时滞非线性汽车悬架建模

第一节　时滞非线性单轮悬架模型

考虑具有控制时滞和测量时滞的非线性二自由度单轮汽车悬架系统如图 3.1 所示。

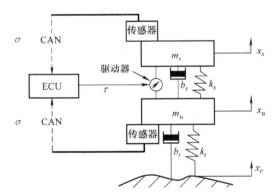

图 3.1　具有时滞的单轮主动悬架系统

其运动方程为

$$m_s\ddot{x}_s(t) + b_s[\dot{x}_s(t) - \dot{x}_u(t)] + k_{1s}[x_s(t) - x_u(t)] + k_{2s}[x_s(t) - x_u(t)]^3 = u(t-\tau)$$
$$-m_u\ddot{x}_u(t) + b_s[\dot{x}_s(t) - \dot{x}_u(t)] + k_{1s}[x_s(t) - x_u(t)] + k_{2s}[x_s(t) - x_u(t)]^3$$
$$-k_t[x_u(t) - x_r(t)] - b_t[\dot{x}_u(t) - \dot{x}_r(t)] = u(t-\tau)$$

(3.1)

式中，m_s 为簧载质量；m_u 为非簧载质量；k_{1s} 为线性的刚度系数；k_{2s} 为非线性的刚度系数；b_s 为悬架阻尼系数；k_t 为轮胎刚度系数；b_t 为轮胎阻尼系数；$x_s(t)$ 为簧载质量的垂直位移；$x_u(t)$ 为非簧载质量的垂直位移；$x_r(t)$ 为路面不平度的位移输入；$u(t)$ 为施加于悬架系统的主动控制力；$\tau > 0$，为控制时滞；$\sigma > 0$，为测量时滞。定义状态变量：

$$x_1(t)=x_s(t)-x_u(t), \quad x_2(t)=x_u(t)-x_r(t), \quad x_3(t)=\dot{x}_s(t), \quad x_4(t)=\dot{x}_u(t)$$

式中，$x_1(t)$ 为车轮与车身之间的相对位移，亦称为悬架动挠度；$x_2(t)$ 为车轮动变形；$x_3(t)$ 为车身垂直速度；$x_4(t)$ 为车轮垂直速度。则状态向量为 $x(t)=[x_1(t),x_2(t),x_3(t),x_4(t)]^T$。

通常评价悬架系统性能的指标有乘坐舒适性、动行程和接地性。对于单轮模型，乘坐舒适性指车身的振动情况，通过车身的垂直振动加速度 $\ddot{x}_s(t)$ 来评价；动行程指悬架系统的组成元件（如弹簧、减振器）的压缩和拉伸长度，评价指标为悬架动挠度 $x_s(t)-x_u(t)$；接地性对车辆的操纵稳定性和安全性影响很大，评价指标是车轮的动变形 $x_u(t)-x_r(t)$。所以，为了使悬架的各项性能指标达到最佳状态，选择控制输出向量为

$$y_c(t)=\begin{bmatrix}\ddot{x}_s(t)\\ x_s(t)-x_u(t)\\ x_u(t)-x_r(t)\end{bmatrix}=\begin{bmatrix}\ddot{x}_s(t)\\ x_1(t)\\ x_2(t)\end{bmatrix}$$

在工程实际中，利用全状态变量评价车辆的控制性能既不经济也不实际。在图3.1所示的模型中，由于动挠度 $x_s(t)-x_u(t)$ 和车身速度 $\dot{x}_s(t)$ 可利用传感器测量得到，故选择测量输出向量为

$$y_m(t)=\begin{bmatrix}x_s(t-\sigma)-x_u(t-\sigma)\\ \dot{x}_s(t-\sigma)\end{bmatrix}=\begin{bmatrix}x_1(t-\sigma)\\ x_3(t-\sigma)\end{bmatrix}$$

这样，主动汽车悬架系统式（3.1）可以表示为状态空间表达式：

$$\begin{aligned}&\dot{x}(t)=Ax(t)+b_0 u(t-\tau)+gv(t)+f(x)\\ &y_m(t)=Cx(t-\sigma)\\ &y_c(t)=\overline{C}x(t)+du(t-\tau)\\ &x(t)=\alpha(t), \quad t\in[-\sigma,0]\\ &u(t)=0, \quad t\in[-\tau,0)\end{aligned} \quad (3.2)$$

式中，$\alpha(t)$ 为已知的初始函数；$v(t)=\dot{x}_r(t)$，为以路面的垂直振动速率作为激励的扰动输入，$A, b_0, g, C, \overline{C}, d$ 和 $f(x)$ 为

$$A=\begin{bmatrix}0 & 0 & 1 & -1\\ 0 & 0 & 0 & 1\\ \dfrac{-k_{1s}}{m_s} & 0 & \dfrac{-b_s}{m_s} & \dfrac{b_s}{m_s}\\ \dfrac{k_{1s}}{m_u} & \dfrac{-k_t}{m_u} & \dfrac{b_s}{m_u} & \dfrac{-b_t-b_s}{m_u}\end{bmatrix}, \quad b_0=\begin{bmatrix}0\\ 0\\ \dfrac{1}{m_s}\\ \dfrac{-1}{m_u}\end{bmatrix}, \quad g=\begin{bmatrix}0\\ -1\\ 0\\ \dfrac{b_t}{m_u}\end{bmatrix}, \quad d=\begin{bmatrix}\dfrac{1}{m_s}\\ 0\\ 0\end{bmatrix}, \quad f(x)=\begin{bmatrix}0\\ 0\\ -\dfrac{k_{2s}}{m_s}x_1^3\\ \dfrac{k_{2s}}{m_s}x_1^3\end{bmatrix}$$

$$C = \begin{bmatrix} 1 & 0 & 0 & 0 \\ 0 & 0 & 1 & 0 \end{bmatrix}, \quad \overline{C} = \begin{bmatrix} \dfrac{-k_{1s}}{m_s} & 0 & \dfrac{-b_s}{m_s} & \dfrac{b_s}{m_s} \\ 1 & 0 & 0 & 0 \\ 0 & 1 & 0 & 0 \end{bmatrix}$$

第二节　时滞非线性半车悬架模型

考虑具有控制时滞和测量时滞的非线性四自由度半车悬架系统如图 3.2 所示。

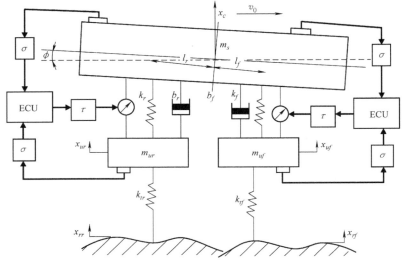

图 3.2　具有时滞的半车主动悬架系统

其运动方程为

$$m_s \ddot{x}_c(t) + k_{1f}[x_{sf}(t) - x_{uf}(t)] + k_{1r}[x_{sr}(t) - x_{ur}(t)] + k_{2f}[x_{sf}(t) - x_{uf}(t)]^3$$
$$+ k_{2r}[x_{sr}(t) - x_{ur}(t)]^3 + b_f[\dot{x}_{sf}(t) - \dot{x}_{uf}(t)] + b_r[\dot{x}_{sr}(t) - \dot{x}_{ur}(t)]$$
$$= u_f(t - \tau) + u_r(t - \tau)$$

$$I\ddot{\phi}(t) + l_f k_{1f}[x_{sf}(t) - x_{uf}(t)] + l_r k_{1r}[x_{sr}(t) - x_{ur}(t)] + l_f k_{2f}[x_{sf}(t) - x_{uf}(t)]^3$$
$$+ l_r k_{2r}[x_{sr}(t) - x_{ur}(t)]^3 + l_f b_f[\dot{x}_{sf}(t) - \dot{x}_{uf}(t)] + l_r b_r[\dot{x}_{sr}(t) - \dot{x}_{ur}(t)]$$
$$= l_f u_f(t - \tau) + l_r u_r(t - \tau)$$

$$-m_{uf}\ddot{x}_{uf}(t) + k_{1f}[x_{sf}(t) - x_{uf}(t)] + k_{2f}[x_{sf}(t) - x_{uf}(t)]^3 - k_{tf}[x_{uf}(t) - x_{rf}(t)]$$
$$+ b_f[\dot{x}_{sf}(t) - \dot{x}_{uf}(t)] = u_f(t - \tau)$$

$$-m_{ur}\ddot{x}_{ur}(t) + k_{1r}[x_{sr}(t) - x_{ur}(t)] + k_{2r}[x_{sr}(t) - x_{ur}(t)]^3 - k_{tr}[x_{ur}(t) - x_{rr}(t)] + b_r[\dot{x}_{sr}(t) - \dot{x}_{ur}(t)] = u_r(t - \tau)$$

$$(3.3)$$

式中，I 为车身转动惯量；m_s 为簧载质量；$x_c(t)$、$\phi(t)$ 分别为簧载质量质心垂直位移和纵倾角；设 $i=f,r$ 分别代表前轮和后轮，则 k_{1i} 和 k_{2i} 分别为线性和非线性悬架刚度；b_i 为悬架阻尼；k_{ti} 为轮胎刚度；l_i 为车身质心距轴线的距离；m_{ui} 为非簧载质量；$x_{si}(t)$ 为簧载质量的垂直位移；$x_{ui}(t)$ 为非簧载质量的垂直位移；$x_{ri}(t)$ 为路面激励输入；$u_i(t)$ 为主动控制力输入；$\tau>0$，为控制时滞；$\sigma>0$，为测量时滞。定义状态向量

$$\begin{aligned}x(t)&=[x_1(t),x_2(t),x_3(t),x_4(t),x_5(t),x_6(t),x_7(t),x_8(t)]^T\\&=[x_{sf}(t)-x_{uf}(t),x_{sr}(t)-x_{ur}(t),x_{uf}(t)-x_{rf}(t),x_{ur}(t)\\&\quad-x_{rr}(t),\dot{x}_{sf}(t),\dot{x}_{sr}(t),\dot{x}_{uf}(t),\dot{x}_{ur}(t)]^T\end{aligned}$$

控制输入向量 $u(t)=[u_f(t),u_r(t)]^T$，扰动输入向量 $v(t)=[\dot{x}_{rf}(t),\dot{x}_{rr}(t)]^T$。评价悬架系统性能的指标为乘坐舒适性、动行程和接地性。对于半车模型，乘坐舒适性指车身的振动情况，通过车身质心垂直振动加速度 $\ddot{x}_c(t)$、纵倾角的加速度 $\ddot{\phi}(t)$ 来评价；动行程指悬架系统的组成元件（如弹簧、减振器）的压缩和拉伸长度，评价指标为悬架动挠度 $x_{si}(t)-x_{ui}(t)$ $(i=f,r)$；接地性对车辆的操纵稳定性和安全性影响很大，评价指标是车轮的动变形 $x_{ui}(t)-x_{ri}(t)$ $(i=f,r)$。为了使悬架的各项性能指标达到最佳状态，选择控制输出向量为

$$y_c(t)=[\ddot{x}_c(t),\ddot{\phi}(t),x_{sf}(t)-x_{uf}(t),x_{sr}(t)-x_{ur}(t),x_{uf}(t)-x_{rf}(t),x_{ur}(t)-x_{rr}(t)]^T$$

由于动挠度和车身速度可用传感器测量得到，取测量输出为

$$y_m(t)=[x_{sf}(t-\sigma)-x_{uf}(t-\sigma),x_{sr}(t-\sigma)-x_{ur}(t-\sigma),\dot{x}_{sf}(t-\sigma),\dot{x}_{sr}(t-\sigma)]^T$$

根据运动方程（3.3）及如下关系式

$$x_{sf}(t)=x_c(t)+l_f\phi(t),\ x_{ur}(t)=x_c(t)-l_r\phi(t)$$

得到系统的状态空间表达式

$$\begin{aligned}\dot{x}(t)&=Ax(t)+Bu(t-\tau)+Dv(t)+f(x)\\y_m(t)&=C_1x(t-\sigma)\\y_c(t)&=C_2x(t)+Eu(t-\tau)\\x(t)&=\alpha(t),\ t\in[-\sigma,0]\\u(t)&=0,\ t\in[-\tau,0)\end{aligned} \quad(3.4)$$

其中，$\alpha(t)$ 为已知的初始函数，$A\in\mathbb{R}^{8\times8}$，$B\in\mathbb{R}^{8\times2}$，$C_1\in\mathbb{R}^{4\times8}$，$C_2\in\mathbb{R}^{6\times8}$，$D\in\mathbb{R}^{8\times2}$，$E\in\mathbb{R}^{6\times2}$ 和 $f(x)$ 为

$$A = \begin{bmatrix} 0 & 0 & 0 & 0 & 1 & 0 & -1 & 0 \\ 0 & 0 & 0 & 0 & 0 & 1 & 0 & -1 \\ 0 & 0 & 0 & 0 & 0 & 0 & 1 & 0 \\ 0 & 0 & 0 & 0 & 0 & 0 & 0 & 1 \\ \dfrac{-k_{1f}}{m_s} - \dfrac{l_f^2 k_{1f}}{I} & \dfrac{-k_{1r}}{m_s} - \dfrac{l_f l_r k_{1r}}{I} & 0 & 0 & \dfrac{-b_f}{m_s} - \dfrac{l_f^2 b_f}{I} & \dfrac{-b_r}{m_s} - \dfrac{l_f l_r b_r}{I} & \dfrac{b_f}{m_s} + \dfrac{l_f^2 b_f}{I} & \dfrac{b_r}{m_s} + \dfrac{l_f l_r b_r}{I} \\ \dfrac{-k_{1f}}{m_s} + \dfrac{l_f l_r k_{1f}}{I} & \dfrac{-k_{1r}}{m_s} + \dfrac{l_r^2 k_{1r}}{I} & 0 & 0 & \dfrac{-b_f}{m_s} + \dfrac{l_f l_r b_f}{I} & \dfrac{-b_r}{m_s} + \dfrac{l_r^2 b_r}{I} & \dfrac{b_f}{m_s} - \dfrac{l_f l_r b_f}{I} & \dfrac{b_r}{m_s} - \dfrac{l_r^2 b_r}{I} \\ \dfrac{k_{1f}}{m_{uf}} & 0 & \dfrac{-k_{tf}}{m_{uf}} & 0 & \dfrac{b_f}{m_{uf}} & 0 & \dfrac{b_f}{m_{uf}} & 0 \\ 0 & \dfrac{k_{1r}}{m_{ur}} & 0 & \dfrac{-k_{tr}}{m_{ur}} & 0 & \dfrac{b_r}{m_{ur}} & 0 & \dfrac{-b_r}{m_{ur}} \end{bmatrix}$$

$$B = \begin{bmatrix} 0 & 0 \\ 0 & 0 \\ 0 & 0 \\ 0 & 0 \\ \dfrac{1}{m_s} + \dfrac{l_f^2}{I} & \dfrac{1}{m_s} + \dfrac{l_f l_r}{I} \\ \dfrac{1}{m_s} - \dfrac{l_f l_r}{I} & \dfrac{1}{m_s} - \dfrac{l_r^2}{I} \\ \dfrac{-1}{m_{uf}} & 0 \\ 0 & \dfrac{-1}{m_{ur}} \end{bmatrix}, C_2 = \begin{bmatrix} \dfrac{-k_{1f}}{m_s} & \dfrac{-k_{1r}}{m_s} & 0 & 0 & \dfrac{-b_f}{m_s} & \dfrac{-b_r}{m_s} & \dfrac{b_f}{m_s} & \dfrac{b_r}{m_s} \\ \dfrac{-l_f k_{1f}}{I} & \dfrac{-l_r k_{1r}}{I} & 0 & 0 & \dfrac{-l_f b_f}{I} & \dfrac{-l_r b_r}{I} & \dfrac{l_f b_f}{I} & \dfrac{l_r b_r}{I} \\ 1 & 0 & 0 & 0 & 0 & 0 & 0 & 0 \\ 0 & 1 & 0 & 0 & 0 & 0 & 0 & 0 \\ 0 & 0 & 1 & 0 & 0 & 0 & 0 & 0 \\ 0 & 0 & 0 & 1 & 0 & 0 & 0 & 0 \end{bmatrix}, E = \begin{bmatrix} \dfrac{1}{m_s} & \dfrac{1}{m_s} \\ \dfrac{l_f}{I} & \dfrac{l_r}{I} \\ 0 & 0 \\ 0 & 0 \\ 0 & 0 \\ 0 & 0 \end{bmatrix}$$

$$C_1 = \begin{bmatrix} 1 & 0 & 0 & 0 & 0 & 0 & 0 & 0 \\ 0 & 1 & 0 & 0 & 0 & 0 & 0 & 0 \\ 0 & 0 & 0 & 1 & 0 & 0 & 0 & 0 \\ 0 & 0 & 0 & 0 & 1 & 0 & 0 & 0 \end{bmatrix}, D = \begin{bmatrix} 0 & 0 \\ 0 & 0 \\ -1 & 0 \\ 0 & -1 \\ 0 & 0 \\ 0 & 0 \\ 0 & 0 \\ 0 & 0 \end{bmatrix}, f(x) = \begin{bmatrix} 0 \\ 0 \\ 0 \\ 0 \\ \left(\dfrac{-1}{m_s} - \dfrac{l_f^2}{I}\right) k_{2f} x_1^3 + \left(\dfrac{-1}{m_s} - \dfrac{l_f l_r}{I}\right) k_{2r} x_2^3 \\ \left(\dfrac{-1}{m_s} + \dfrac{l_f l_r}{I}\right) k_{1f} x_1^3 + \left(\dfrac{-1}{m_s} + \dfrac{l_r^2}{I}\right) k_{2r} x_2^3 \\ \dfrac{k_{2f}}{m_{uf}} x_1^3 \\ \dfrac{k_{2r}}{m_{ur}} x_2^3 \end{bmatrix}$$

第三节 时滞非线性整车悬架模型

考虑具有控制时滞和测量时滞的非线性七自由度整车悬架系统如图 3.3 所示。

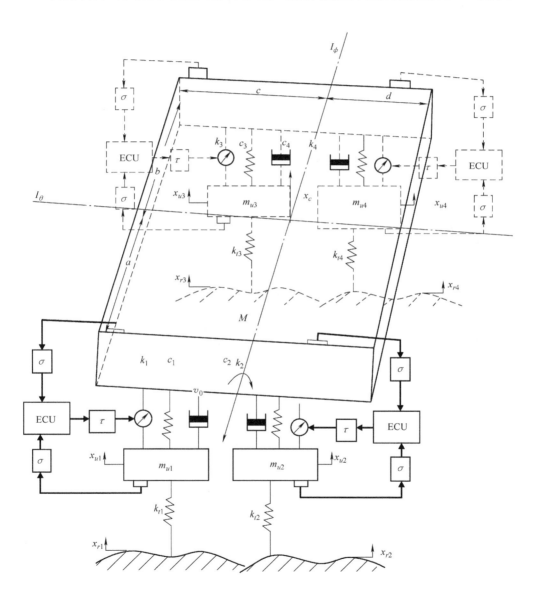

图 3.3 具有时滞的整车悬架系统模型

其运动方程为

$$M\ddot{x}_c(t) + \sum_{i=1}^{4} k_{1i}[x_{s1}(t) - x_{u1}(t)] + \sum_{i=1}^{4} k_{2i}[x_{s1}(t) - x_{u1}(t)]^3$$
$$+ \sum_{i=1}^{4} c_i[\dot{x}_{s1}(t) - \dot{x}_{u1}(t)] = \sum_{i=1}^{4} u_i(t-\tau) \quad (3.5)$$
$$(i = 1,2,3,4)$$

$$I_\phi \ddot{\phi}(t) + ak_{11}[x_{s1}(t) - x_{u1}(t)] + ak_{12}[x_{s2}(t) - x_{u2}(t)] + bk_{13}[x_{s3}(t) - x_{u3}(t)]$$
$$- bk_{14}[x_{s4}(t) - x_{u34}(t)] + ak_{21}[x_{s1}(t) - x_{u1}(t)]^3 + ak_{22}[x_{s2}(t) - x_{u2}(t)]^3$$
$$+ bk_{23}[x_{s3}(t) - x_{u3}(t)]^3 - bk_{24}[x_{s4}(t) - x_{u34}(t)]^3 + ac_1[\dot{x}_{s1}(t) - \dot{x}_{u1}(t)]$$
$$+ ac_2[\dot{x}_{s2}(t) - \dot{x}_{u2}(t)] + bc_3[\dot{x}_{s3}(t) - \dot{x}_{u3}(t)] + bc_4[\dot{x}_{s4}(t) - \dot{x}_{u34}(t)]$$
$$= a[u_1(t-\tau) + u_2(t-\tau)] + b[u_3(t-\tau) + u_4(t-\tau)]$$

$$I_\theta \ddot{\theta}(t) + ck_{11}[x_{s1}(t) - x_{u1}(t)] + dk_{12}[x_{s2}(t) - x_{u2}(t)] + ck_{13}[x_{s3}(t) - x_{u3}(t)]$$
$$+ dk_{14}[x_{s4}(t) - x_{u34}(t)] + ck_{21}[x_{s1}(t) - x_{u1}(t)]^3 + dk_{22}[x_{s2}(t) - x_{u2}(t)]^3$$
$$+ ck_{23}[x_{s3}(t) - x_{u3}(t)]^3 + dk_{24}[x_{s4}(t) - x_{u34}(t)]^3 + cc_1[\dot{x}_{s1}(t) - \dot{x}_{u1}(t)]$$
$$+ dc_2[\dot{x}_{s2}(t) - \dot{x}_{u2}(t)] + cc_3[\dot{x}_{s3}(t) - \dot{x}_{u3}(t)] + dc_4[\dot{x}_{s4}(t) - \dot{x}_{u34}(t)]$$
$$= c[u_1(t-\tau) + u_3(t-\tau)] + d[u_2(t-\tau) + u_4(t-\tau)] - m_{ui}\ddot{x}_{ui}(t)$$
$$+ k_{1i}[x_{si}(t) - x_{ui}(t)] + k_{2i}[x_{si}(t) - x_{ui}(t)]^3 - k_{ti}[x_{ui}(t) - x_{ri}(t)]$$
$$+ c_i[\dot{x}_{si}(t) - \dot{x}_{ui}(t)] = u_i(t-\tau) \quad (i=1,2,3,4)$$

式中，M 为簧载质量；$x_c(t)$、$\phi(t)$、$\theta(t)$ 分别为簧载质量质心垂直位移、纵倾角和侧倾角；I_ϕ、I_θ 分别为汽车横轴和纵轴的转动惯量；$m_{ui}(i=1,2,3,4)$ 为非簧载质量；k_{1i}、k_{2i} 分别为线性和非线性悬架刚度；c_i 为悬架阻尼系数；k_{ti} 为轮胎刚度；a、b 分别为车身质心距前后轴线的距离；c、d 分别为车身质心距左右轮中心线的距离；$x_{si}(t)$ 为簧载质量的辅助垂直位移；$x_{ui}(t)$ 为非簧载质量的垂直位移；$x_{ri}(t)$ 为路面激励输入；$u_i(t)$ 为主动控制力输入；$\tau > 0$，为控制时滞；$\sigma > 0$，为测量时滞。定义状态向量

$$x(t) = [x_1(t) \quad x_2(t) \quad x_3(t) \quad x_4(t) \quad x_5(t) \quad x_6(t) \quad x_7(t) \quad x_8(t)$$
$$x_9(t) \quad x_{10}(t) \quad x_{11}(t) \quad x_{12}(t) \quad x_{13}(t) \quad x_{14}(t) \quad x_{15}(t) \quad x_{16}(t)]^T$$
$$= [x_{s1}(t) - x_{u1}(t) \quad x_{s2}(t) - x_{u2}(t) \quad x_{s3}(t) - x_{u3}(t) \quad x_{s4}(t) - x_{u4}(t)$$
$$x_{u1}(t) - x_{r1}(t) \quad x_{u2}(t) - x_{r2}(t) \quad x_{u3}(t) - x_{r3}(t) \quad x_{u4}(t) - x_{r4}(t)$$
$$\dot{x}_{s1}(t) \quad \dot{x}_{s2}(t) \quad \dot{x}_{s3}(t) \quad \dot{x}_{s4}(t) \quad \dot{x}_{u1}(t) \quad \dot{x}_{u2}(t) \quad \dot{x}_{u3}(t) \quad \dot{x}_{u4}(t)]^T$$

控制输入向量
$$u(t) = [u_1(t) \quad u_2(t) \quad u_3(t) \quad u_4(t)]^T$$
扰动输入向量
$$v(t) = [\dot{x}_{r1}(t) \quad \dot{x}_{r2}(t) \quad \dot{x}_{r3}(t) \quad \dot{x}_{r4}(t)]^T$$

评价悬架系统性能的指标有乘坐舒适性、动行程和接地性。对于整车模型，乘坐舒适性指车身的振动情况，通过车身质心垂直振动加速度 $\ddot{x}_c(t)$、侧倾角、纵倾角的加速度 $\ddot{\theta}(t)$、$\ddot{\phi}(t)$ 来评价；动行程指悬架系统的组成元件（如弹簧、减振器）的压缩和拉伸长度，评价指标为悬架动挠度 $x_{si}(t) - x_{ui}(t)$ ($i=1,2,3,4$)；接地性对车辆的操纵稳定性和安全性影响很大，评价指标是车轮的动变形 $x_{ui}(t) - x_{ri}(t)$。这样，为了使悬架的各项性能指标达到最佳状态，选择控制输出向量为

$$y_c(t) = [\ddot{x}_c(t) \quad \ddot{\phi}(t) \quad \ddot{\theta}(t) \quad x_{s1}(t)-x_{u1}(t) \quad x_{s2}(t)-x_{u2}(t) \quad x_{s3}(t)-x_{u3}(t)$$
$$x_{s4}(t)-x_{u4}(t) \quad x_{u1}(t)-x_{r1}(t) \quad x_{u2}(t)-x_{r2}(t) \quad x_{u3}(t)-x_{r3}(t)$$
$$x_{u4}(t)-x_{r4}(t)]^T$$

选择测量输出为
$$y_m(t) = [x_{s1}(t-\sigma)-x_{u1}(t-\sigma) \quad x_{s2}(t-\sigma)-x_{u2}(t-\sigma) \quad x_{s3}(t-\sigma)-x_{u3}(t-\sigma)$$
$$x_{s4}(t-\sigma)-x_{u4}(t-\sigma) \quad \dot{x}_{s1}(t-\sigma) \quad \dot{x}_{s2}(t-\sigma) \quad \dot{x}_{s3}(t-\sigma) \quad \dot{x}_{s4}(t-\sigma)]^T$$

根据运动方程(3.5)和关系式
$$x_{s1}(t) = x_c(t) + a\phi(t) + c\theta(t), \quad x_{s2}(t) = x_c(t) + a\phi(t) - d\theta(t)$$
$$x_{s3}(t) = x_c(t) - b\phi(t) + c\theta(t), \quad x_{s4}(t) = x_c(t) - b\phi(t) - d\theta(t)$$

得到系统的状态空间表达式
$$\begin{cases} \dot{x}(t) = Ax(t) + B_0 u(t-\tau) + Dv(t) + f(x) \\ y_m(t) = C_1 x(t-\sigma) \\ y_c(t) = C_2 x(t) + Eu(t-\tau) \\ x(t) = \alpha(t), \quad t \in [-\sigma, 0] \\ u(t) = 0, \quad t \in [-\tau, 0) \end{cases} \quad (3.6)$$

其中，$\alpha(t)$ 为已知的初始函数，$A \in \mathbb{R}^{16 \times 16}$，$B_0 \in \mathbb{R}^{16 \times 4}$，$C_1 \in \mathbb{R}^{8 \times 16}$，$C_2 \in \mathbb{R}^{11 \times 16}$，$D \in \mathbb{R}^{16 \times 4}$，$E \in \mathbb{R}^{11 \times 4}$ 和 $f(x)$ 为

$$A = \begin{bmatrix}
0 & 0 & 0 & 0 & 0 & 0 & 0 & 0 \\
0 & 0 & 0 & 0 & 0 & 0 & 0 & 0 \\
0 & 0 & 0 & 0 & 0 & 0 & 0 & 0 \\
0 & 0 & 0 & 0 & 0 & 0 & 0 & 0 \\
0 & 0 & 0 & 0 & 0 & 0 & 0 & 0 \\
0 & 0 & 0 & 0 & 0 & 0 & 0 & 0 \\
0 & 0 & 0 & 0 & 0 & 0 & 0 & 0 \\
0 & 0 & 0 & 0 & 0 & 0 & 0 & 0 \\
\dfrac{-k_{11}}{M} - \dfrac{a^2 k_{11}}{I_\phi} - \dfrac{c^2 k_{11}}{I_\theta} & \dfrac{-k_{12}}{M} - \dfrac{a^2 k_{12}}{I_\phi} - \dfrac{cd k_{12}}{I_\theta} & \dfrac{-k_{13}}{M} - \dfrac{abk_{13}}{I_\phi} - \dfrac{c^2 k_{13}}{I_\theta} & \dfrac{-k_{14}}{M} - \dfrac{abk_{14}}{I_\phi} - \dfrac{cd k_{14}}{I_\theta} & 0 & 0 & 0 & 0 \\
\dfrac{-k_{11}}{M} - \dfrac{a^2 k_{11}}{I_\phi} + \dfrac{c^2 k_{11}}{I_\theta} & \dfrac{-k_{12}}{M} - \dfrac{a^2 k_{12}}{I_\phi} + \dfrac{cd k_{12}}{I_\theta} & \dfrac{-k_{13}}{M} - \dfrac{abk_{13}}{I_\phi} + \dfrac{c^2 k_{13}}{I_\theta} & \dfrac{-k_{14}}{M} - \dfrac{abk_{14}}{I_\phi} + \dfrac{cd k_{14}}{I_\theta} & 0 & 0 & 0 & 0 \\
\dfrac{-k_{11}}{M} + \dfrac{a^2 k_{11}}{I_\phi} - \dfrac{c^2 k_{11}}{I_\theta} & \dfrac{-k_{12}}{M} + \dfrac{a^2 k_{12}}{I_\phi} - \dfrac{cd k_{12}}{I_\theta} & \dfrac{-k_{13}}{M} + \dfrac{abk_{13}}{I_\phi} - \dfrac{c^2 k_{13}}{I_\theta} & \dfrac{-k_{14}}{M} + \dfrac{abk_{14}}{I_\phi} - \dfrac{cd k_{14}}{I_\theta} & 0 & 0 & 0 & 0 \\
\dfrac{-k_{11}}{M} + \dfrac{a^2 k_{11}}{I_\phi} + \dfrac{c^2 k_{11}}{I_\theta} & \dfrac{-k_{12}}{M} + \dfrac{a^2 k_{12}}{I_\phi} + \dfrac{cd k_{12}}{I_\theta} & \dfrac{-k_{13}}{M} + \dfrac{abk_{13}}{I_\phi} + \dfrac{c^2 k_{13}}{I_\theta} & \dfrac{-k_{14}}{M} + \dfrac{abk_{14}}{I_\phi} + \dfrac{cd k_{14}}{I_\theta} & 0 & 0 & 0 & 0 \\
\dfrac{k_{11}}{m_{u1}} & 0 & 0 & 0 & \dfrac{-k_{t1}}{m_{u1}} & 0 & 0 & 0 \\
0 & \dfrac{k_{12}}{m_{u2}} & 0 & 0 & 0 & \dfrac{-k_{t2}}{m_{u2}} & 0 & 0 \\
0 & 0 & \dfrac{k_{13}}{m_{u3}} & 0 & 0 & 0 & \dfrac{-k_{t3}}{m_{u3}} & 0 \\
0 & 0 & 0 & \dfrac{k_{14}}{m_{u4}} & 0 & 0 & 0 & \dfrac{-k_{t4}}{m_{u4}}
\end{bmatrix}$$

$$\begin{bmatrix}
1 & 0 & 0 & 0 & -1 & 0 & 0 & 0 \\
0 & 1 & 0 & 0 & 0 & -1 & 0 & 0 \\
0 & 0 & 1 & 0 & 0 & 0 & -1 & 0 \\
0 & 0 & 0 & 1 & 0 & 0 & 0 & -1 \\
0 & 0 & 0 & 0 & 1 & 0 & 0 & 0 \\
0 & 0 & 0 & 0 & 0 & 1 & 0 & 0 \\
0 & 0 & 0 & 0 & 0 & 0 & 1 & 0 \\
0 & 0 & 0 & 0 & 0 & 0 & 0 & 1 \\
\frac{-c_1}{M}-\frac{a^2c_1}{I_\phi}-\frac{c^2c_1}{I_\theta} & \frac{-c_2}{M}-\frac{a^2c_2}{I_\phi}-\frac{cdc_2}{I_\theta} & \frac{-c_3}{M}-\frac{abc_3}{I_\phi}-\frac{c^2c_3}{I_\theta} & \frac{-c_4}{M}-\frac{abc_4}{I_\phi}-\frac{cdc_4}{I_\theta} & \frac{c_1}{M}+\frac{a^2c_1}{I_\phi}+\frac{c^2c_1}{I_\theta} & \frac{c_2}{M}+\frac{a^2c_2}{I_\phi}+\frac{cdc_2}{I_\theta} & \frac{c_3}{M}+\frac{abc_3}{I_\phi}+\frac{c^2c_3}{I_\theta} & \frac{c_4}{M}+\frac{abc_4}{I_\phi}+\frac{cdc_4}{I_\theta} \\
\frac{-c_1}{M}-\frac{a^2c_1}{I_\phi}+\frac{c^2c_1}{I_\theta} & \frac{-c_2}{M}-\frac{a^2c_2}{I_\phi}+\frac{cdc_2}{I_\theta} & \frac{-c_3}{M}-\frac{abc_3}{I_\phi}+\frac{c^2c_3}{I_\theta} & \frac{-c_4}{M}-\frac{abc_4}{I_\phi}+\frac{cdc_4}{I_\theta} & \frac{c_1}{M}+\frac{a^2c_1}{I_\phi}-\frac{c^2c_1}{I_\theta} & \frac{c_2}{M}+\frac{a^2c_2}{I_\phi}-\frac{cdc_2}{I_\theta} & \frac{c_3}{M}+\frac{abc_3}{I_\phi}-\frac{c^2c_3}{I_\theta} & \frac{c_4}{M}+\frac{abc_4}{I_\phi}-\frac{cdc_4}{I_\theta} \\
\frac{-c_1}{M}+\frac{a^2c_1}{I_\phi}-\frac{c^2c_1}{I_\theta} & \frac{-c_2}{M}+\frac{a^2c_2}{I_\phi}-\frac{cdc_2}{I_\theta} & \frac{-c_3}{M}+\frac{abc_3}{I_\phi}-\frac{c^2c_3}{I_\theta} & \frac{-c_4}{M}+\frac{abc_4}{I_\phi}-\frac{cdc_4}{I_\theta} & \frac{c_1}{M}-\frac{a^2c_1}{I_\phi}+\frac{c^2c_1}{I_\theta} & \frac{c_2}{M}-\frac{a^2c_2}{I_\phi}+\frac{cdc_2}{I_\theta} & \frac{c_3}{M}-\frac{abc_3}{I_\phi}+\frac{c^2c_3}{I_\theta} & \frac{c_4}{M}-\frac{abc_4}{I_\phi}+\frac{cdc_4}{I_\theta} \\
\frac{-c_1}{M}+\frac{a^2c_1}{I_\phi}+\frac{c^2c_1}{I_\theta} & \frac{-c_2}{M}+\frac{a^2c_2}{I_\phi}+\frac{cdc_2}{I_\theta} & \frac{-c_3}{M}+\frac{abc_3}{I_\phi}+\frac{c^2c_3}{I_\theta} & \frac{-c_4}{M}+\frac{abc_4}{I_\phi}+\frac{cdc_4}{I_\theta} & \frac{c_1}{M}-\frac{a^2c_1}{I_\phi}-\frac{c^2c_1}{I_\theta} & \frac{c_2}{M}-\frac{a^2c_2}{I_\phi}-\frac{cdc_2}{I_\theta} & \frac{c_3}{M}-\frac{abc_3}{I_\phi}-\frac{c^2c_3}{I_\theta} & \frac{c_4}{M}-\frac{abc_4}{I_\phi}-\frac{cdc_4}{I_\theta} \\
\frac{c_1}{m_{u1}} & 0 & 0 & 0 & \frac{-c_1}{m_{u1}} & 0 & 0 & 0 \\
0 & \frac{c_2}{m_{u2}} & 0 & 0 & 0 & \frac{-c_2}{m_{u2}} & 0 & 0 \\
0 & 0 & \frac{c_3}{m_{u3}} & 0 & 0 & 0 & \frac{-c_3}{m_{u3}} & 0 \\
0 & 0 & 0 & \frac{c_4}{m_{u4}} & 0 & 0 & 0 & \frac{-c_4}{m_{u4}}
\end{bmatrix}$$

$$B_0 = \begin{bmatrix} 0 & 0 & 0 & 0 \\ 0 & 0 & 0 & 0 \\ 0 & 0 & 0 & 0 \\ 0 & 0 & 0 & 0 \\ 0 & 0 & 0 & 0 \\ 0 & 0 & 0 & 0 \\ 0 & 0 & 0 & 0 \\ 0 & 0 & 0 & 0 \\ \frac{1}{M}+\frac{a^2}{I_\phi}+\frac{c^2}{I_\theta} & \frac{1}{M}+\frac{a^2}{I_\phi}+\frac{cd}{I_\theta} & \frac{1}{M}+\frac{ab}{I_\phi}+\frac{c^2}{I_\theta} & \frac{1}{M}+\frac{ab}{I_\phi}+\frac{cd}{I_\theta} \\ \frac{1}{M}+\frac{a^2}{I_\phi}-\frac{c^2}{I_\theta} & \frac{1}{M}+\frac{a^2}{I_\phi}-\frac{cd}{I_\theta} & \frac{1}{M}+\frac{ab}{I_\phi}-\frac{c^2}{I_\theta} & \frac{1}{M}+\frac{ab}{I_\phi}-\frac{cd}{I_\theta} \\ \frac{1}{M}-\frac{a^2}{I_\phi}+\frac{c^2}{I_\theta} & \frac{1}{M}-\frac{a^2}{I_\phi}+\frac{cd}{I_\theta} & \frac{1}{M}-\frac{ab}{I_\phi}+\frac{c^2}{I_\theta} & \frac{1}{M}-\frac{ab}{I_\phi}+\frac{cd}{I_\theta} \\ \frac{1}{M}-\frac{a^2}{I_\phi}-\frac{c^2}{I_\theta} & \frac{1}{M}-\frac{a^2}{I_\phi}-\frac{cd}{I_\theta} & \frac{1}{M}-\frac{ab}{I_\phi}-\frac{c^2}{I_\theta} & \frac{1}{M}-\frac{ab}{I_\phi}-\frac{cd}{I_\theta} \\ \frac{-1}{m_{u1}} & 0 & 0 & 0 \\ 0 & \frac{-1}{m_{u2}} & 0 & 0 \\ 0 & 0 & \frac{-1}{m_{u3}} & 0 \\ 0 & 0 & 0 & \frac{-1}{m_{u4}} \end{bmatrix}, \quad D = \begin{bmatrix} 0 & 0 & 0 & 0 \\ 0 & 0 & 0 & 0 \\ 0 & 0 & 0 & 0 \\ 0 & 0 & 0 & 0 \\ -1 & 0 & 0 & 0 \\ 0 & -1 & 0 & 0 \\ 0 & 0 & -1 & 0 \\ 0 & 0 & 0 & -1 \\ 0 & 0 & 0 & 0 \\ 0 & 0 & 0 & 0 \\ 0 & 0 & 0 & 0 \\ 0 & 0 & 0 & 0 \\ 0 & 0 & 0 & 0 \\ 0 & 0 & 0 & 0 \\ 0 & 0 & 0 & 0 \\ 0 & 0 & 0 & 0 \end{bmatrix},$$

$$C_2 = \begin{bmatrix} \dfrac{-k_{11}}{M} & \dfrac{-k_{11}}{M} & \dfrac{-k_{11}}{M} & \dfrac{-k_{11}}{M} & 0 & 0 & 0 & \dfrac{-b_1}{M} & \dfrac{-b_2}{M} & \dfrac{-b_3}{M} & \dfrac{-b_4}{M} & \dfrac{b_1}{M} & \dfrac{b_2}{M} & \dfrac{b_3}{M} & \dfrac{b_4}{M} \\ \dfrac{-ak_{11}}{I_\phi} & \dfrac{-ak_{12}}{I_\phi} & \dfrac{-bk_{13}}{I_\phi} & \dfrac{-bk_{14}}{I_\phi} & 0 & 0 & 0 & \dfrac{-ac_1}{I_\phi} & \dfrac{-ac_2}{I_\phi} & \dfrac{-bc_3}{I_\phi} & \dfrac{-bc_4}{I_\phi} & \dfrac{ac_1}{I_\phi} & \dfrac{ac_2}{I_\phi} & \dfrac{bc_3}{I_\phi} & \dfrac{bc_4}{I_\phi} \\ \dfrac{-ck_{11}}{I_\theta} & \dfrac{-dk_{12}}{I_\theta} & \dfrac{-ck_{13}}{I_\theta} & \dfrac{-dk_{14}}{I_\theta} & 0 & 0 & 0 & \dfrac{-cc_1}{I_\theta} & \dfrac{-dc_2}{I_\theta} & \dfrac{-cc_3}{I_\theta} & \dfrac{-dc_4}{I_\theta} & \dfrac{cc_1}{I_\theta} & \dfrac{dc_2}{I_\theta} & \dfrac{cc_3}{I_\theta} & \dfrac{dc_4}{I_\theta} \\ 1 & 0 & 0 & 0 & 0 & 0 & 0 & 0 & 0 & 0 & 0 & 0 & 0 & 0 \\ 0 & 1 & 0 & 0 & 0 & 0 & 0 & 0 & 0 & 0 & 0 & 0 & 0 & 0 \\ 0 & 0 & 1 & 0 & 0 & 0 & 0 & 0 & 0 & 0 & 0 & 0 & 0 & 0 \\ 0 & 0 & 0 & 1 & 0 & 0 & 0 & 0 & 0 & 0 & 0 & 0 & 0 & 0 \\ 0 & 0 & 0 & 0 & 1 & 0 & 0 & 0 & 0 & 0 & 0 & 0 & 0 & 0 \\ 0 & 0 & 0 & 0 & 0 & 1 & 0 & 0 & 0 & 0 & 0 & 0 & 0 & 0 \\ 0 & 0 & 0 & 0 & 0 & 0 & 1 & 0 & 0 & 0 & 0 & 0 & 0 & 0 \\ 0 & 0 & 0 & 0 & 0 & 0 & 0 & 1 & 0 & 0 & 0 & 0 & 0 & 0 \end{bmatrix},$$

$$C_1 = \begin{bmatrix} 1 & 0 & 0 & 0 & 0 & 0 & 0 & 0 & 0 & 0 & 0 & 0 & 0 & 0 \\ 0 & 1 & 0 & 0 & 0 & 0 & 0 & 0 & 0 & 0 & 0 & 0 & 0 & 0 \\ 0 & 0 & 1 & 0 & 0 & 0 & 0 & 0 & 0 & 0 & 0 & 0 & 0 & 0 \\ 0 & 0 & 0 & 1 & 0 & 0 & 0 & 0 & 0 & 0 & 0 & 0 & 0 & 0 \\ 0 & 0 & 0 & 0 & 0 & 0 & 1 & 0 & 0 & 0 & 0 & 0 & 0 & 0 \\ 0 & 0 & 0 & 0 & 0 & 0 & 0 & 1 & 0 & 0 & 0 & 0 & 0 & 0 \\ 0 & 0 & 0 & 0 & 0 & 0 & 0 & 0 & 1 & 0 & 0 & 0 & 0 & 0 \\ 0 & 0 & 0 & 0 & 0 & 0 & 0 & 0 & 0 & 1 & 0 & 0 & 0 & 0 \end{bmatrix},$$

$$E = \begin{bmatrix} \frac{1}{M} & \frac{1}{M} & \frac{1}{M} & \frac{1}{M} \\ \frac{a}{l_\phi} & \frac{a}{l_\phi} & \frac{b}{l_\phi} & \frac{b}{l_\phi} \\ \frac{c}{l_\theta} & \frac{d}{l_\theta} & \frac{c}{l_\theta} & \frac{d}{l_\theta} \\ 0 & 0 & 0 & 0 \\ 0 & 0 & 0 & 0 \\ 0 & 0 & 0 & 0 \\ 0 & 0 & 0 & 0 \\ 0 & 0 & 0 & 0 \\ 0 & 0 & 0 & 0 \\ 0 & 0 & 0 & 0 \end{bmatrix}, f(x) = \begin{bmatrix} 0 \\ 0 \\ 0 \\ 0 \\ 0 \\ 0 \\ \left(\frac{-1}{M} - \frac{a^2}{l_\phi} - \frac{c^2}{l_\theta}\right)k_{21}x_1^3 + \left(\frac{-1}{M} - \frac{a^2}{l_\phi} - \frac{cd}{l_\theta}\right)k_{22}x_2^3 + \left(\frac{-1}{M} - \frac{ab}{l_\phi} - \frac{c^2}{l_\theta}\right)k_{23}x_3^3 + \left(\frac{-1}{M} - \frac{ab}{l_\phi} - \frac{cd}{l_\theta}\right)k_{24}x_4^3 \\ \left(\frac{-1}{M} - \frac{a^2}{l_\phi} + \frac{c^2}{l_\theta}\right)k_{21}x_1^3 + \left(\frac{-1}{M} - \frac{a^2}{l_\phi} + \frac{cd}{l_\theta}\right)k_{22}x_2^3 + \left(\frac{-1}{M} - \frac{ab}{l_\phi} + \frac{c^2}{l_\theta}\right)k_{23}x_3^3 + \left(\frac{-1}{M} - \frac{ab}{l_\phi} + \frac{cd}{l_\theta}\right)k_{24}x_4^3 \\ \left(\frac{-1}{M} + \frac{a^2}{l_\phi} - \frac{c^2}{l_\theta}\right)k_{21}x_1^3 + \left(\frac{-1}{M} + \frac{a^2}{l_\phi} - \frac{cd}{l_\theta}\right)k_{22}x_2^3 + \left(\frac{-1}{M} + \frac{ab}{l_\phi} - \frac{c^2}{l_\theta}\right)k_{23}x_3^3 + \left(\frac{-1}{M} + \frac{ab}{l_\phi} - \frac{cd}{l_\theta}\right)k_{24}x_4^3 \\ \left(\frac{-1}{M} + \frac{a^2}{l_\phi} + \frac{c^2}{l_\theta}\right)k_{21}x_1^3 + \left(\frac{-1}{M} + \frac{a^2}{l_\phi} + \frac{cd}{l_\theta}\right)k_{22}x_2^3 + \left(\frac{-1}{M} + \frac{ab}{l_\phi} + \frac{c^2}{l_\theta}\right)k_{23}x_3^3 + \left(\frac{-1}{M} + \frac{ab}{l_\phi} + \frac{cd}{l_\theta}\right)k_{24}x_4^3 \\ \frac{k_{21}}{m_{u1}}x_1^3 \\ \frac{k_{22}}{m_{u2}}x_2^3 \\ \frac{k_{23}}{m_{u3}}x_3^3 \\ \frac{k_{24}}{m_{u4}}x_4^3 \end{bmatrix}$$

第四节 路面扰动外系统模型

我们将路面不平度视为悬架减振控制系统所受的主要外部扰动[36][63][64]。根据实测路面不平度的统计特征，可以确定不同等级路面的不平度功率谱密度（PSD）函数，然后通过数值方法得到路面不平度的模拟量。国内外的研究表明，实际的路面功率谱可以近似表示为 $S(\Omega) = C_s \Omega^{-2}$，其中 Ω 是空间频率，为波长的倒数，C_s 为路面不平程度的系数。表3.1列出了5个路面级别的 C_s 值。

表 3.1 路面级别及其 C_s 值

路面级别	A	B	C	D	E
$C_s/(10^{-7} \text{m}^3/\text{rad})$	1	4	16	64	256
路面类别 k	0	1	2	3	4

为了便于后面的推导和计算，根据表 3.1，我们归纳为如下形式

$$S(\Omega) = C_s \Omega^{-2} = 4^k \times 10^{-7} \cdot \Omega^{-2} \tag{3.7}$$

并且称 k 为路面类别。假设汽车以速度 v_0 行驶在长度为 l 的路面上，且近似地认为路面扰动 $x_r(t)$ 为周期函数。由于车轮和悬架系统具有低通滤波的特性，故这里只考虑频率较低的路面位移扰动 $x_r(t)$，它可以用以下 Fourier 有限级数和的近似表示

$$x_r(t) = \sum_{j=1}^p \xi_j(t) \triangleq \sum_{j=1}^p \phi_j \sin(j\omega_0 t + \theta_j)$$

式中，$\omega_0 = 2\pi v_0 / l$，为时间频率间隔；ϕ_j 为第 j 个频率的振幅；θ_j 为第 j 个频率的相位，一般可按 $[0, 2\pi]$ 均匀分布取值；p 为一正整数，用来限制频率的范围，在悬架的简化模型中，频率通常低于 20Hz。下面我们求振幅 $\phi_j (j=1, 2, \cdots, p)$。根据随机过程理论，第 j 个频率的平均能量为

$$S(j\Delta\Omega) \times \Delta\Omega = \phi_j^2 / 2 \tag{3.8}$$

其中 $\Delta\Omega = 2\pi/l$ 为空间频率间隔。将式（3.7）中的功率谱密度代入式（3.8）就得到第 j 个频率的振幅

$$\phi_j = \sqrt{2S(j\Delta\Omega)\Delta\Omega} = \frac{2^k}{10^3 j}\sqrt{\frac{l}{10\pi}}$$

然后我们需要将路面不平度表示为外系统的描述形式。定义扰动状态向量

$$w(t) = [w_1(t), w_2(t), \cdots, w_{2p}(t)]^T =$$
$$[\xi_1(t), \xi_2(t), \cdots, \xi_p(t), \dot{\xi}_1(t), \dot{\xi}_2(t), \cdots, \dot{\xi}_p(t)]^T$$

则悬架系统所受路面扰动输入 $v(t) = \dot{x}_r(t)$ 可用如下外系统描述：

$$\begin{aligned} \dot{w}(t) &= Gw(t) \\ v(t) &= Fw(t) \end{aligned} \tag{3.9}$$

其中，

$$G = \begin{bmatrix} \mathbf{0} & I_p \\ \overline{G} & \mathbf{0} \end{bmatrix} \in \mathbb{R}^{2p \times 2p}, \quad F = [\mathbf{0}_p, 1, \cdots, 1] \in \mathbb{R}^{1 \times 2p}$$

且 $\overline{G} = \text{diag}\{-\omega_0^2, -(2\omega_0)^2, \cdots, -(p\omega_0)^2\} \in \mathbb{R}^{p \times p}$，$(F, G)$ 为完全可观测。

第 4 章
半主动悬架时滞控制

第一节 系统描述

图 4.1 所示是一个由可变刚度和可控弹簧构成的半主动电控空气单轮悬架模型,设时滞为已知常量。

单自由度半主动悬架系统的动态方程为
$$m\ddot{x}(t) + b\dot{x}(t) + kx(t) = u(t - \tau_1 - \tau_a) \tag{4.1}$$

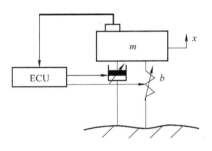

图 4.1 单轮半主动悬架系统

式中,m 是簧载质量;b 为可控阻尼的阻尼系数;k 为悬架的弹簧刚度;$x(t)$ 是簧载质量位移;$\dot{x}(t)$ 是簧载质量速度;$u(t)$ 是 ECU 产生的控制力输入;$\tau_1 \geq 0$,为常量 ECU – 减振器时滞;τ_a 是人为设计在 ECU 中的时滞,设计的目的是通过利用时滞使闭环系统达到渐近稳定。对系统式(4.1)设计比例和微分状态反馈时滞控制器:
$$u(t) = k_1 x(t - \tau_2) + k_2 \dot{x}(t - \tau_2) \tag{4.2}$$

式中,$\tau_2 \geq 0$,为常量传感器 – ECU 时滞;u 是由变刚度控制项 $k_1 x$ 和可控阻尼控制项 $k_2 \dot{x}$ 构成的控制力;k_1、$k_2 > 0$,分别为比例、微分增益。被控悬架系统结构图如图 4.2 所示。

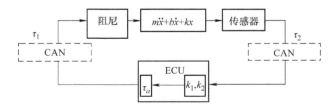

图 4.2 时滞正反馈作用下的二阶悬架系统

令 $\tau = \tau_a + \tau_1 + \tau_2$,则在状态反馈控制律式(4.2)控制下的闭环系统为

$$m\ddot{x}(t) + b\dot{x}(t) + kx(t) - k_1 x(t-\tau) - k_2 \dot{x}(t-\tau) = 0 \quad (4.3)$$

方程（4.3）的特征方程为

$$s^2 + \frac{b}{m}s + \frac{k}{m} - \left(\frac{k_2}{m}s + \frac{k_1}{m}\right)e^{-\tau s} = 0 \quad (4.4)$$

也即

$$1 + \frac{-\left(\dfrac{k_2}{m}s + \dfrac{k_1}{m}\right)e^{-\tau s}}{s^2 + \dfrac{b}{m}s + \dfrac{k}{m}} = 0 \quad (4.5)$$

注意到方程（4.5）等价于一个单位反馈系统，其开环传递函数为

$$G(s) = \frac{-\left(\dfrac{k_2}{m}s + \dfrac{k_1}{m}\right)e^{-\tau s}}{s^2 + \dfrac{b}{m}s + \dfrac{k}{m}} \quad (4.6)$$

其频域形式为

$$G(j\omega) = \frac{-(k_1 + jk_2\omega)e^{-j\omega\tau}}{k - m\omega^2 + jb\omega} \quad (4.7)$$

由式（4.7）可知相角为

$$\varphi(\omega) = \begin{cases} -\tau\omega - \pi + \arctan\dfrac{k_2\omega}{k_1} - \arctan\dfrac{b\omega}{k - m\omega^2}, & 0 < \omega < \sqrt{\dfrac{k}{m}} \\ -\tau\omega - \dfrac{3\pi}{2} + \arctan\dfrac{k_2\omega}{k}, & \omega = \sqrt{\dfrac{k}{m}} \\ -\tau\omega - 2\pi + \arctan\dfrac{k_2\omega}{k} + \arctan\dfrac{b\omega}{m\omega^2 - k}, & \omega > \sqrt{\dfrac{k}{m}} \end{cases} \quad (4.8)$$

幅值为

$$\psi(\omega) = \left|\frac{k_1 + jk_2\omega}{k - m\omega^2 + jb\omega}\right| = \frac{\sqrt{k_1^2 + k_2^2\omega^2}}{\sqrt{m^2\omega^4 + (b^2 - 2mk)\omega^2 + k^2}} \quad (4.9)$$

这样问题就转化为如何设计比例和微分增益 k_1、k_2 或者穿越时滞（crossing delay）τ 从而使系统（4.1）渐近稳定。

首先，我们运用式（4.7）的 Nyquist 曲线来给出镇定的条件。我们可以看出式（4.5）的两个开环极点都在复平面的左半平面，也即复平面的右半平面没有极点。根据 Nyquist 稳定性判据我们知道，闭环系统稳定的充要条件是 Nyquist 曲线不能包围点 $(-1, j0)$。

第二节　非时滞依赖控制器设计

为了符合 Nyquist 稳定性判据的要求，在画 Nyquist 曲线时相角应该满足

$$\varphi(\omega) \begin{cases} = -\pi & \omega = 0 \\ > -\pi & 0 < \omega < \omega_{c1} \\ = -\pi & \omega = \omega_{c1} \\ < -\pi & \omega_{c1} < \omega < \omega_{c2} \\ = 0 & \omega = \omega_{c2} \end{cases} \quad (4.10)$$

设 $\omega_{c1} < \omega_{c2}$，$\omega_c$ 为截止频率。同时，幅值需要满足

$$\psi(0) \leq 1, \quad \psi(\omega_{c1}) < 1 \quad (4.11)$$

这样，我们得到定理 4.1。

定理 4.1 滞后正反馈控制器式（4.2）能够镇定系统式（4.1），当增益 k_1，k_2 同时满足如下条件时：

$$0 < k_1 < k \quad (4.12)$$

$$0 \leq k_2 < \frac{1}{\omega_{c1}} \sqrt{m^2 \omega_{c1}^4 + (b^2 - 2mk)\omega_{c1}^2 + k^2 - k_1^2} \quad (4.13)$$

其中 $0 < b < \sqrt{2mk}$。

第三节 时滞依赖控制器设计

我们再找出穿越时滞需要满足的条件以此设计非时滞依赖的控制器。等式

$$\psi(\omega) = 1 \quad (4.14)$$

也即

$$m^2 \omega^4 + (b - 2km - k_2^2)\omega^2 + k^2 - k_1^2 = 0 \quad (4.15)$$

方程（4.15）的解为

$$\omega_i^2 = \frac{1}{2m^2}\left[(k_2^2 + 2km - b^2) \pm \sqrt{(k_2^2 + 2km - b^2)^2 - 4m^2(k^2 - k_1^2)}\right], \quad i = 1, 2 \quad (4.16)$$

方程（4.16）的根 ω_1、ω_2 被称作穿越频率。同时，由方程（4.5）可得

$$\tau_i \omega_i = \arg(k_1 + jk_2 \omega_i) - \arg((k - m\omega_i^2) + jb\omega_i) + 2n\pi, \quad i = 1, 2 \quad (4.17)$$

即

$$\tau_i = \frac{1}{\omega_i}\left[\arg(k_1 + jk_2 \omega_i) - \arg(k - m\omega_i^2 + jb\omega_i) + 2n\pi\right] \quad (4.18)$$

其中 τ_1、τ_2 被称为穿越时滞、相角 $\arg(\cdot) \in [0, 2\pi)$。负穿越（reversal）是指极点从复平面左半平面穿越 $j\omega$-轴到达右半平面、从而系统从稳定变得不稳定的情形；正穿越（switch）是指极点从复平面右半平面到达左半平面、系统从不稳定变得稳定的情形。

记

$$\tau_{i,n} = \tau_{i,0} + \frac{2\pi}{\omega_i}n, \quad n \geq 0 \tag{4.19}$$

其中最小穿越时滞为

$$\tau_{i,0} = \frac{1}{\omega_i}[\arctan(k_1 + k_2\omega_i) - \arg(k - m\omega_i^2 + jb\omega_i)], \quad 0 \leq \tau_{i,0} < \frac{2\pi}{\omega_i} \tag{4.20}$$

这样，两种情形当下列条件满足时分别发生，即 $\tau_{2,0} < \tau_{1,0}$ 和 $\tau_{1,0} < \tau_{2,0}$。如果闭环系统在 $\tau = 0$ 时稳定，它则在时域 $[0, \tau_{2,0}) \cup (\tau_{1,n}, \tau_{2,n+1})$，$\tau_{1,n} < \tau_{2,n+1}$，$\forall 0 \leq n < n_1$ 时也是稳定的，直到存在 $n_1 \in \mathbb{Z}^+$，

$$n_1 = \left\lceil \left(\frac{1}{\omega_2} - \frac{\tau_{1,0} - \tau_{2,0}}{2\pi}\right)\frac{\omega_1\omega_2}{\omega_2 - \omega_1} \right\rceil \tag{4.21}$$

使得条件 $\tau_{1,n_1} \geq \tau_{2,n_1+1}$ 满足时系统变为不稳定。如果闭环系统在 $\tau = 0$ 时是不稳定的，它将在时域 $(\tau_{1,n}, \tau_{2,n})$，$\tau_{1,n} < \tau_{2,n}$，$\forall 0 \leq n < n_2$ 期间也是不稳定的，直到存在 $n_2 \in \mathbb{Z}^+$，

$$n_2 = \left\lceil \frac{\tau_{2,0} - \tau_{1,0}}{2\pi} \frac{\omega_2\omega_1}{\omega_2 - \omega_1} \right\rceil \tag{4.22}$$

使得条件 $\tau_{1,n_2} \geq \tau_{2,n_2}$ 满足时系统变为稳定[57]。此结论总结为定理 4.2 和定理 4.3。

定理 4.2 当时滞 τ 和增益 k_1，k_2 同时满足条件：

$$\tau \in [0, \tau_{2,0}) \cup ([\tau_{1,n}, \tau_{2,n+1}), \tau_{2,n} < \tau_{1,n} < \tau_{2,n+1}, \quad 0 \leq n < n_1 \tag{4.23}$$

和

$$0 < k_1 < k$$
$$\sqrt{b^2 + 2m(\sqrt{k^2 - k_1^2} - k)} \leq k_2 < b \tag{4.24}$$

时，其中 $0 < b < \sqrt{2mk}$，滞后正反馈控制式（4.2）能够镇定系统式（4.1）。

定理 4.3 当时滞 τ 和增益 k_1，k_2 同时满足条件：

$$\tau \in (\tau_{1,n}, \tau_{2,n}), \quad \tau_{1,n} < \tau_{2,n} < \tau_{1,n+1}, \quad 0 \leq n < n_2 \tag{4.25}$$

和

$$0 < k_1 < k, \quad k_2 \geq b \tag{4.26}$$

时，其中 $0 < b < \sqrt{2mk}$，滞后正反馈控制器式（4.2）能够镇定系统式（4.1）。

注 4.1 如果 $k_2 < \sqrt{b^2 + 2m(\sqrt{k^2 - k_1^2} - k)}$，闭环系统是非时滞依赖稳定（delay-independent stable，DIS）。因为在这种情况下 $\tau = 0$ 时闭环系统稳定，方程（4.15）没有正实解，也即没有频率穿越情况发生。

注 4.2 如果 $k_1 > k$，闭环系统为非时滞依赖不稳定（delay-independent unstable，DIU）。因为在这种情况下 $\tau = 0$ 时闭环系统不稳定，方程（4.15）没有正实解，同样没有频率穿越情况发生。

第四节 仿真示例

以下以两个例子来验证满足和不满足镇定条件时的情况。悬架模型的参数值见表4.1[62]。图4.3和图4.4展示了簧载质量位移和簧载质量速度的Nyquist曲线和状态轨迹。

表4.1 单轮悬架模型的参数和取值

参数	变量	取值	单位
质量	m	288.9	kg
刚度	k	14345	N/m
阻尼	b	1500	N·s/m

仿真4.1 这个仿真分别验证了定理4.1~定理4.3。考虑系统式(4.1),初始条件为 $x(0)=\dot{x}(0)=0.1$。

情形A: 选择时滞 $\tau=0.2s$。根据定理4.1计算镇定域为 $k_1<14345N/m$ 和 $0<k_2<2719N\cdot s/m$ 时。分别设置 $k_1=2000N/m$ 和 $k_2=2600,2719,2800N\cdot s/m$,则Nyquist曲线和状态轨迹图如图4.3和图4.4所示。当 $k_2=2600N\cdot s/m$ 时,因为开环极点为 $-2.5961\pm6.5509j$ 在左半平面,故开环系统稳定,根据Nyquist稳定性判据,Nyquist曲线不包围点 $(-1,j0)$,这一点从图4.3可以明显地看出来。然而当取 $k_2=2800N\cdot s/m$ 时,Nyquist曲线顺时针围绕点 $(-1,j0)$ 两次,显然系统变得不稳定,从图4.4的状态轨迹图同样观察得到。

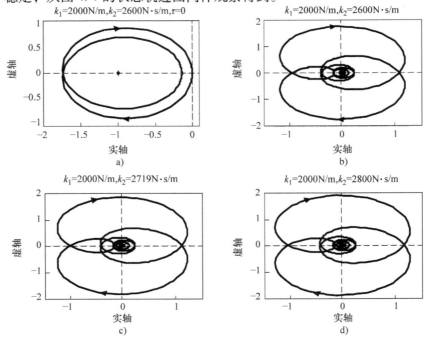

图4.3 $\tau=0.2s$ 时取不同增益下系统的 Nyquist 曲线

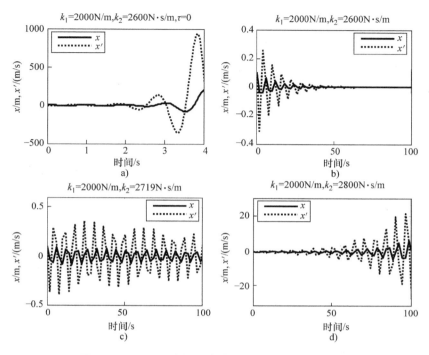

图 4.4 $\tau=0.2\mathrm{s}$ 时取不同增益下位移和速度轨迹图

情形 B：选择 $k_1=2000\mathrm{N/m}$ 和 $1472.8<k_2=1490<1500\mathrm{N\cdot s/m}$。根据定理 4.2 计算时滞的稳定域为 $\tau\in[0,0.8048),(0.9419,1.6523),(1.8893,2.4998)\cdots\cdots$ 且 $n_1=8$。因为 $\tau=0\mathrm{s}$ 时极点为 $-0.0173\pm6.5369j$ 在左半平面，所以当时滞从 0.8048s 增长的时候，极点从左半平面穿越到右半平面、随后当时滞增长到 0.9419s 时极点又从右半平面穿越至左半平面，如此下去，直到 $\tau_{1,8}=8.5213\mathrm{s}>\tau_{2,9}=8.4321\mathrm{s}$。从 $\tau_{2,8}=7.5846\mathrm{s}$ 起，极点将停留在右半平面再也不移动至左半平面了。从图 4.5 和图 4.6 可以看到这些变化过程。

情形 C：选择 $k_1=2000\mathrm{N/m}$ 和 $k_2=1600>1500\mathrm{N\cdot s/m}$。根据定理 4.3 计算时滞的稳定域为 $\tau\in(0.0338,0.7027),(1.0787,1.4711),(2.1237,2.2395)$ 且 $n_2=3$。因为 $\tau=0\mathrm{s}$ 时极点为 $0.1731\pm6.5346j$ 在右半平面，所以当时滞从 0.0338s 逐渐增大时，极点从右半平面穿越至左半平面，然后当时滞为 0.7027s 时又从左半平面穿越至右半平面，如此下去，直至 $\tau_{1,3}=3.1686\mathrm{s}>\tau_{2,3}=3.0079\mathrm{s}$。从 $\tau_{2,2}=2.2395\mathrm{s}$ 起极点在右半平面停留下来不再穿越至左半平面。对应的仿真结果如图 4.7 和图 4.8 所示。

仿真 4.2 在这个仿真中我们将验证注 4.1 和注 4.2 中的非时滞依赖不稳定和非时滞依赖稳定。

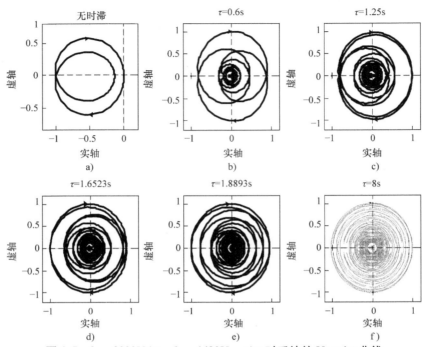

图 4.5 $k_1 = 2000\text{N/m}$，$k_2 = 1490\text{N·s/m}$ 时系统的 Nyquist 曲线

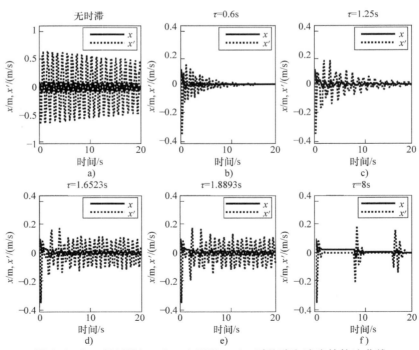

图 4.6 $k_1 = 2000\text{N/m}$，$k_2 = 1490\text{N·s/m}$ 时位移和速度的轨迹曲线

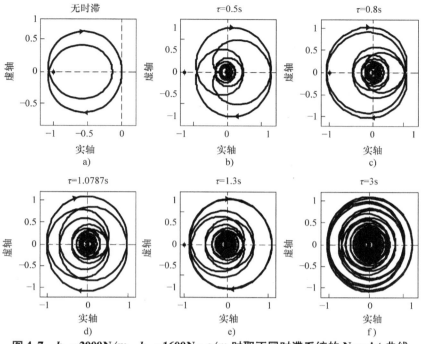

图 4.7 $k_1=2000\text{N/m}$，$k_2=1600\text{N·s/m}$ 时取不同时滞系统的 Nyquist 曲线

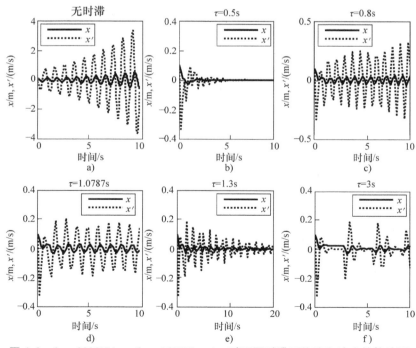

图 4.8 $k_1=2000\text{N/m}$，$k_2=1600\text{N·s/m}$ 时不同时滞下位移和速度的轨迹图

情形 A：选择 $k_1 = 15000\text{N/m} > k$ 和 $k_2 = 1480\text{N}\cdot\text{s/m}$，这个条件不满足条件式（4.31）。当 $\tau = 0$ 时极点为 1.4715 和 -1.5407，穿越频率分别为 $\omega_1 = 10.0437\text{rad/s}$ 和 $\omega_2 = 1.5109j\text{rad/s}$，意味着方程（4.15）有一个正实根，因而没有频率穿越情况发生。由方程（4.20）可得穿越时滞为 $\tau_{2,0} = 0.4696\text{s}$，负极点从左半平面移到右半平面，但另一个正极点依然留在右半平面。取时滞为 $\tau = 0, 0.2, 0.4696, 0.6, 0.8, 1\text{s}$ 时的 Nyquist 曲线和状态轨迹图如图 4.9 和图 4.10 所示。

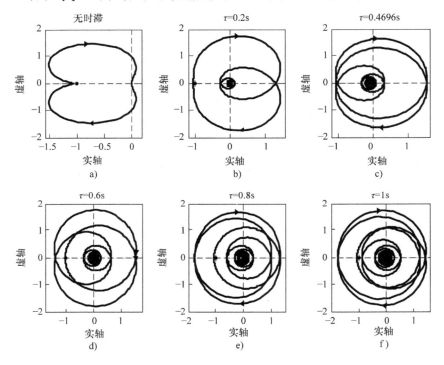

图 4.9 不同时滞下 DIU 系统的 Nyquist 曲线

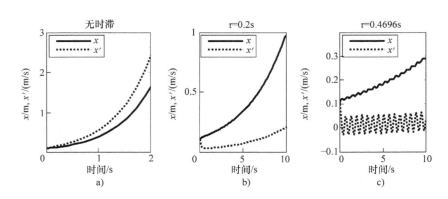

图 4.10 不同时滞下 DIU 系统的位移和速度轨迹曲线

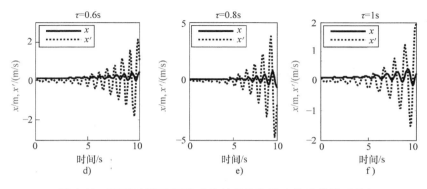

图 4.10 不同时滞下 DIU 系统的位移和速度轨迹曲线（续）

情形 B：取 $k_1 = 2000\mathrm{N/m}$ 和 $k_2 = 1400 < 1472.8\mathrm{N \cdot s/m}$，其不符合条件式 (4.24)。穿越频率为 $\omega_{1,2} = 6.9673 \pm 0.7913j\mathrm{rad/s}$，意味着没有正实解，也就没有频率穿越情况发生。当 $\tau = 0$ 时闭环极点为 $-0.1731 \pm 6.5346j$，极点停留在左半平面从未改变，穿越时滞均为虚数解，$\tau = 0, 0.2, 0.6, 1\mathrm{s}$ 时的 Nyquist 曲线和状态轨迹图揭示了这个事实，如图 4.11 和图 4.12 所示。

从以上仿真可以得出结论，单自由度悬架的簧载质量位移和速度能够通过运用本文的方法设计适合的控制器进行系统镇定，这一方法得到了有效验证。

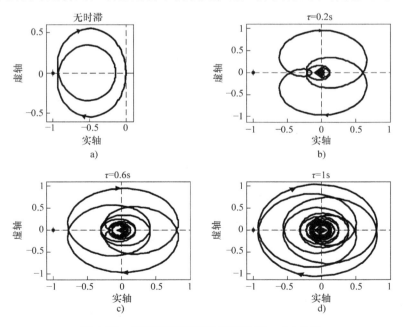

图 4.11 不同时滞下 DIS 系统的 Nyquist 曲线

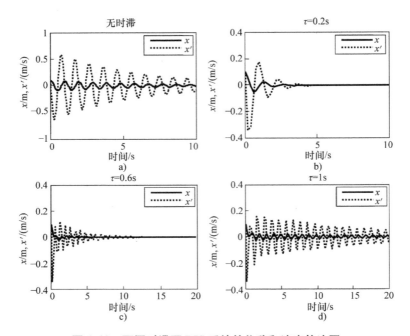

图 4.12 不同时滞下 DIS 系统的位移和速度轨迹图

第 5 章 非线性不确定悬架神经网络最优监督减振控制

第一节 问题描述

考虑非线性不确定主动悬架系统

$$(m_s + \Delta m_s)\ddot{x}_s(t) + b_{1s}[\dot{x}_s(t) - \dot{x}_u(t)] + b_{2s}[|\dot{x}_s(t) - \dot{x}_u(t)| + \sqrt{|\dot{x}_s(t) - \dot{x}_u(t)|}\,\mathrm{sgn}(\dot{x}_s(t) - \dot{x}_u(t))] + (k_{1s} + \Delta k_{1s})[x_s(t) - x_u(t)] + (k_{2s} + \Delta k_{2s})[x_s(t) - x_u(t)]^3 = u(t)$$

$$m_u\ddot{x}_u(t) - b_{1s}[\dot{x}_s(t) - \dot{x}_u(t)] - b_{2s}[|\dot{x}_s(t) - \dot{x}_u(t)| + \sqrt{|\dot{x}_s(t) - \dot{x}_u(t)|}\,\mathrm{sgn}(\dot{x}_s(t) - \dot{x}_u(t))] + b_t[\dot{x}_u(t) - \dot{x}_r(t)] - (k_{1s} + \Delta k_{1s})[x_s(t) - x_u(t)] - (k_{2s} + \Delta k_{2s})[x_s(t) - x_u(t)]^3 + (k_t + \Delta k_t)[x_u(t) - x_r(t)] = -u(t) \quad (5.1)$$

其中 Δk_i ($i=1s, 2s, t$)，代表弹簧和轮胎刚度的不确定因素。令弹簧和阻尼的非线性部分为

$$f_1(x) = b_{2s}[|\dot{x}_s(t) - \dot{x}_u(t)| + \sqrt{|\dot{x}_s(t) - \dot{x}_u(t)|}\,\mathrm{sgn}(\dot{x}_s(t) - \dot{x}_u(t))] + k_{2s}[x_s(t) - x_u(t)]^3$$

$$f_2(x) = -b_{2s}[|\dot{x}_s(t) - \dot{x}_u(t)| + \sqrt{|\dot{x}_s(t) - \dot{x}_u(t)|}\,\mathrm{sgn}(\dot{x}_s(t) - \dot{x}_u(t))] - k_{2s}[x_s(t) - x_u(t)]^3$$

弹簧和质量的不确定部分为

$$\Delta f_1(x) = \Delta m_s \ddot{x}_s(t) + \Delta k_{1s}[x_s(t) - x_u(t)] + \Delta k_{2s}[x_s(t) - x_u(t)]^3$$

$$\Delta f_2(x) = -\Delta k_{1s}[x_s(t) - x_u(t)] - \Delta k_{2s}[x_s(t) - x_u(t)]^3 + \Delta k_t[x_u(t) - x_r(t)]$$

则悬架的状态空间表达式为

$$\dot{x}(t) = Ax(t) + bu(t) + gv(t) + \bar{f}(x) + \Delta\bar{f}(x,\delta)$$
$$y_m(t) = Cx(t)$$
$$y_c(t) = \bar{C}x(t) + du(t)$$
$$x(0) = x_0 \quad (5.2)$$

其中非线性函数向量为

$$\bar{f}(x) = \begin{bmatrix} 0 \\ 0 \\ -\dfrac{k_{2s}}{m_s}x_1^3 + \dfrac{b_{2s}}{m_s}[\,|\dot{x}_3 - \dot{x}_4| + \sqrt{|\dot{x}_3 - \dot{x}_4|}\,\mathrm{sgn}(\dot{x}_3 - \dot{x}_4)\,] \\ \dfrac{k_{2s}}{m_u}x_1^3 + \dfrac{b_{2s}}{m_u}[\,|\dot{x}_3 - \dot{x}_4| + \sqrt{|\dot{x}_3 - \dot{x}_4|}\,\mathrm{sgn}(\dot{x}_3 - \dot{x}_4)\,] \end{bmatrix}$$

不确定性函数向量为

$$\Delta\bar{f}(x,\delta) = \begin{bmatrix} 0 \\ 0 \\ -\dfrac{\Delta k_{1s}}{m_s}x_1 - \dfrac{\Delta k_{2s}}{m_s}x_1^3 - \dfrac{\Delta m_s}{m_s}\dot{x}_3 \\ \dfrac{\Delta k_{1s}}{m_u}x_1 + \dfrac{\Delta k_{2s}}{m_u}x_1^3 - \dfrac{\Delta k_t}{m_u}x_2 \end{bmatrix}, \quad \delta = \begin{bmatrix} \Delta m_s \\ \Delta k_{1s} \\ \Delta k_{2s} \\ \Delta k_t \end{bmatrix}$$

选择二次型性能指标为

$$\begin{aligned}
J(\cdot) &= \lim_{T\to\infty}\frac{1}{T}\int_0^T [\,y_c^\mathrm{T}(t)Q_0 y_c(t) + r_0 u^2(t)\,]\mathrm{d}t \\
&= \lim_{T\to\infty}\frac{1}{\widetilde{T}}\int_0^T [\,x^\mathrm{T}(t)Qx(t) + 2x^\mathrm{T}(t)nu(t) + ru^2(t)\,]\mathrm{d}t
\end{aligned} \tag{5.3}$$

其中 $Q_0 = \mathrm{diag}\{q_1, q_2, q_3\}$，$q_i, r_0 > 0$ 为权重常数，且

$$Q = \bar{C}^\mathrm{T} Q_0 \bar{C} = \begin{bmatrix} \dfrac{k_s^2 q_1}{m_s^2} + q_2 & 0 & \dfrac{k_s b_s q_1}{m_s^2} & -\dfrac{k_s b_s q_1}{m_s^2} \\ * & q_3 & 0 & 0 \\ * & * & \dfrac{b_s^2 q_1}{m_s^2} & -\dfrac{b_s^2 q_1}{m_s^2} \\ * & * & * & \dfrac{b_s^2 q_1}{m_s^2} \end{bmatrix}, \quad n = \bar{C}^\mathrm{T} Q_0 d = \begin{bmatrix} -\dfrac{k_s q_1}{m_s^2} \\ 0 \\ -\dfrac{k_s q_1}{m_s^2} \\ -\dfrac{k_s q_1}{m_s^2} \end{bmatrix},$$

$$r = r_0 + d^\mathrm{T} Q_0 d = r_0 + \dfrac{q_1}{m_s^2}$$

其中（*）代表对称部分。

定理 5.1 系统式（5.1）在性能指标式（5.3）下设计最优减振控制律

$$u^*(t) = -\dfrac{1}{\widetilde{r}}[(b^\mathrm{T} P_1 + d^\mathrm{T} Q_1 \bar{C})x(t) + b^\mathrm{T}(\varphi(t) + \bar{\xi}(t))] \tag{5.4}$$

其中 P_1 是如下 Riccati 矩阵方程的唯一正定解：

$$(A - \frac{1}{r}b\,d^T Q_1 \overline{C})^T P_1 + P_1(A - \frac{1}{r}b\,d^T Q_1 \overline{C}) - \frac{1}{r}P_1 b\,b^T P_1 +$$

$$\overline{C}^T Q_1(I - \frac{1}{r}d\,d^T Q_1)\overline{C} = 0$$

$\varphi(t)$ 是如下向量微分方程的解：

$$-\dot{\varphi}(t) = [(A - \frac{1}{r}b\,d^T Q_1 \overline{C})^T - \frac{1}{r}P_1 b b^T]\varphi(t) + P_1 g v(t), \quad \varphi(\infty) = 0$$

其中的 $\overline{\xi}(t)$ 为协向量 $\xi(t) = [\widetilde{\xi}^T(t) \quad \overline{\xi}^T(t)]^T$ 中的部分向量，协向量 $\xi(t)$ 满足如下微分方程：

$$\dot{\xi}(t) = -(\widetilde{A} - \frac{1}{\widetilde{r}}\widetilde{b}\,\widetilde{n}^T - \frac{1}{\widetilde{r}}\widetilde{P}\,\widetilde{b}\,\widetilde{b}^T)\xi(t) + \widetilde{P}[f(x) + \varsigma(x)], \quad \xi(\infty) = 0$$

第二节　神经网络结构

在设计非线性最优减振控制 NNOVC 中我们运用如图 5.1 所示的一个三层神经网络结构进行泛函逼近，其中输入 $x \in U$ 和 u 的关系为 $u(x) = W^T \sigma(V^T x)$，其中 $W \in R^{l_h + 1}$ 和 $V \in R^{(n+1) \times l_h}$ 分别为输入 – 隐藏层和隐藏 – 输出层的权重。神经网络的阈值包括在紧形式的扩展 x 和 σ 中，对于激励函数 $\sigma(\cdot)$ 我们在隐层神经元中运用双极 S 函数：

$$\sigma_s(\vartheta) = \frac{1 - e^{-\vartheta}}{1 + e^{-\vartheta}}, \quad \vartheta \in R \tag{5.5}$$

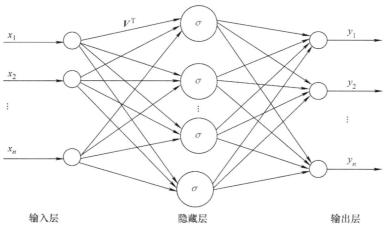

图 5.1　三层神经网络系统

第三节　神经网络最优监督减振控制

考虑一个由式（5.4）产生的最优减振控制律 OVC 训练的神经网络最优减振控制律 $u^*(x)$，$u^*(x)$ 为连续函数。这样，给定神经网络的层数则存在 W 和 V 使得

$$u^*(x) = W^T \sigma(V^T x) + \varepsilon(x) \tag{5.6}$$

式中，输入向量 x 为悬架系统式（5.2）的状态向量；$\varepsilon(x)$ 为最小神经网络重建误差（minimal NN reconstruction error），它满足如下假设 5.1 的有界性条件并将随着隐层神经元的增加而减小。

假设 5.1　给定 $\sigma(x)$，$x(t) \in U$，一个充分大的隐层单位数（hidden units）l_k，则神经网络重建误差将被界定在以下范围内：$\|\varepsilon(x)\| = \sup\limits_{x \in U} |u^* - W^T \sigma| \leqslant \varepsilon_M$，$\forall x \in U$，其中 ε_M 是一个已知的界，U 是一个紧集。

根据式（5.6），$u^*(x)$ 的估计值 $\hat{u}(x)$ 可以描述为

$$\hat{u}(x) = \hat{W}^T \sigma(V^T x) \tag{5.7}$$

定义估计误差 $\tilde{W} = W - \hat{W}$，将控制估计值（5.7）代入原系统，则得到神经网络最优减振控制律作用下的闭环系统

$$\dot{x}(t) = Ax(t) + b(W - \tilde{W})^T \sigma(V^T x) + gv(t) \tag{5.8}$$

记 $u^*(x) = W^T \sigma(V^T x) + \varepsilon(x)$，则（5.8）变为

$$\begin{aligned}\dot{x}(t) &= Ax(t) + b[u^*(x) - \varepsilon(x) - \tilde{W}^T \sigma(V^T x)] + gv(t) + f(x) + \Delta f(x, \delta) \\ &= [A - \frac{1}{r} b(b^T P_1 + d^T Q_1 \overline{C})] x(t) + gv(t) - \frac{1}{r} b b^T [\varphi(t) + \overline{\xi}(t)] \\ &\quad - b[\tilde{W}^T \sigma(V^T x) + \varepsilon(x)] + f(x) + \Delta f(x, \delta)\end{aligned}$$

定理 5.2　给定最优减振控制式（5.4）训练得到的神经网络最优减振控制律 $u^*(x)$ 以及如下神经网络权重更新律（update rule）

$$\dot{\hat{W}} = -P_3 [\sigma(V^T x) x^T P_1 b + \lambda_w \|x\| \hat{W}] \tag{5.9}$$

其中 $P_3 > 0$，$\lambda_w > 0$ 是自适应增益，则 $x(t)$ 和 $\tilde{W}(t)$ 一致毕竟有界，并且通过调节矩阵权重状态 $x(t)$ 能够无限小。

图 5.2 为闭环系统方框图。首先，学习者 NNOVC 和训练者 OVC 做好准备接收从传感器传来的状态 $x(t)$ 的信息；然后，如图 5.2 所示，OVC 方的开关闭合开始对 NNOVC 进行训练。OVC 收集到状态 $x(t)$ 的信息后利用公式（5.4）计算控制律。NNOVC 在线下被 OVC 训练、学习，同时输出信号 u_{NNOVC}，直至达到指标要求，然后在线输出控制信号 u_{OVC}。两者之间的误差为 $e = u_{OVC} - u_{NNOVC}$。神经网络权重 $\hat{W}$ 根据公式（5.9）重复更新，直至通过大量数据训练后使得误差减低到理想的足够小的值。并且，可以利用不同参数取值的悬架模型的最优控制律对 NNOVC

进行训练，利用不同的工况增强其经验和能力。训练过程结束后，开关闭合至 NNOVC 方，利用训练后的 NNOVC 对系统进行控制。这样训练后的控制律会更加鲁棒和自适应。

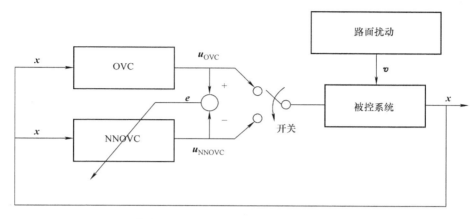

图 5.2　NNOVC 作用下的闭环系统结构图

从定理证明中可以看出（附录 A.5 和 A.6）更新律收敛，说明所提供的训练数据足够充分以使得自适应增益 P_3、λ_w 取值合适，权重的初始条件 $W(0)$ 选取合适，学习律的收敛性和闭环系统的稳定性得到了保证。

第四节　仿真示例

神经网络最优减振控制律作用下系统的鲁棒性和自适应性较最优减振控制律更好。将所设计的神经网络最优减振控制律运用至单轮悬架模型，其参数值如表 5.1 所示[37]，以此验证其有效性和优越性。

表 5.1　单轮悬架模型的参数与取值

变量	取值	单位
m_s	350	kg
m_u	59	kg
k_{1s}	14500	N/m
k_{2s}	160000	N/m
k_t	190000	N/m
b_{1s}	1100	N·s/m
b_{2s}	500	N·s/m
b_t	170	N·s/m

将表 5.1 中参数值代入单轮悬架模型得到的矩阵为

$$A = \begin{bmatrix} 0 & 0 & 1 & -1 \\ 0 & 0 & 0 & 1 \\ -41.429 & 0 & -3.143 & 3.143 \\ 245.763 & -3220.339 & 18.644 & -21.525 \end{bmatrix}, \quad b = \begin{bmatrix} 0 \\ 0 \\ 0.003 \\ -0.017 \end{bmatrix}$$

$$g = \begin{bmatrix} 0 \\ -1 \\ 0 \\ 2.881 \end{bmatrix}, \quad \overline{C} = \begin{bmatrix} -41.429 & 0 & -3.143 & 3.143 \\ 1 & 0 & 0 & 0 \\ 0 & 1 & 0 & 0 \end{bmatrix}, \quad d = \begin{bmatrix} 0.003 \\ 0 \\ 0 \end{bmatrix}$$

非线性为

$$\bar{f}(x) = \begin{bmatrix} 0 \\ 0 \\ -457.143 x_1^3 + 1.429[|\dot{x}_3 - \dot{x}_4| + \sqrt{|\dot{x}_3 - \dot{x}_4|}\mathrm{sgn}(\dot{x}_3 - \dot{x}_4)] \\ 2711.864 x_1^3 + 8.475[|\dot{x}_3 - \dot{x}_4| + \sqrt{|\dot{x}_3 - \dot{x}_4|}\mathrm{sgn}(\dot{x}_3 - \dot{x}_4)] \end{bmatrix}$$

记 $\Delta m_s = m_s d_{m_s} \delta_{m_s}$，$\Delta k_i = k_i d_j \delta_j$（$i = 1s, 2s, t$；$j = k_{1s}, k_{2s}, k_t$），其中 d_j（$j = m_s, k_{1s}, k_{2s}, k_t$）是指所允许的标称值变化的百分比；$\delta_i$ 是实际变化参数，其在区间 $[-1, 1]$ 中变化。此例中，不确定参数的可能变化为：$d_{m_s} = 0.2$，$d_{k_{1s}} = 0.15$，$d_{k_{2s}} = 0.15$，$d_{k_t} = 0.25$，代表了 m_s 中有 20% 的不确定性，k_{1s} 和 k_{2s} 中有 15% 的不确定性，以及 k_t 中 25% 的不确定性。尽管这些不确定性在仿真中采取的数值不同，但实际上，它们都被控制律式（5.4）中的补偿项 $u^*(t) = -\dfrac{1}{r}b^\mathrm{T}\overline{\xi}(t)$ 很好地进行了补偿，并且它们也被基于神经网络的控制律的鲁棒性很好地克服掉了。

为了产生 C 级路面工况，选择 $C_s = 16 \times 10^{-7} \mathrm{m}^3/\mathrm{rad}$ 和 $k = 2$。分别选择一个相对较低和一个相对较高的速度 $v_0 = 15\mathrm{m/s}$ 和 $v_0 = 30\mathrm{m/s}$。选择 $l = 400\mathrm{m}$ 和 $p = 200$ 则频率带宽为 $0.05 \sim 10\mathrm{Hz}$，这样 C 级路面扰动由外系统公式产生。二次性能指标式（5.3）中选择 $q_1 = 150$，$q_2 = 100$，$q_3 = 200$，$r_0 = 1$。这样就得到了最优控制律式（5.4），利用它来训练神经网络最优减振控制律，其中采用如图 5.1 描述的三层神经网络，双极 S 函数由式（5.5）描述，更新律由式（5.9）描述。训练参数为隐层数：2；每层神经元数：10。隐藏神经元激励函数为：$\sigma_s(\vartheta) = 1 - \mathrm{e}^{-\vartheta}/1 + \mathrm{e}^{-\vartheta}$。权重调节率中的学习率为：$P_3 = \mathrm{diag}\{10\}$ 和 $\lambda_w = 0.02$。网络输入：$x(t) = [x_s(t) - x_u(t), x_u(t) - x_r(t), \dot{x}_s(t), \dot{x}_u(t)]^\mathrm{T}$。将以上参数设置于 MATLAB 程序中，且设置训练误差目标为 0，训练次数（training epoch）为 1000，以此决定了样本大小。神经网络训练图如图 5.3 所示，显然 $k \approx 60$ 时训练误差非常小、达到了训练目标因而可以终止训练。

训练完成后，神经网络最优减振控制律就能够控制系统。分别取车辆速度 $v_0 =$

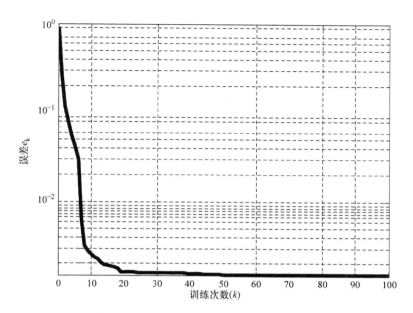

图 5.3 在 OVC 下对 NNOVC 的训练过程

15m/s 和 $v_0=30$m/s，在最优减振控制律（OVC）和神经网络最优减振控制律（NNOVC）作用下的簧载质量加速度、悬架动挠度、轮胎动变形的响应以及控制力输入分别如图 5.4、图 5.5 和图 5.6、图 5.7 所示。图 5.4～图 5.7 显示在不同的车辆行驶速度条件下，神经网络最优减振控制律作用下系统性能和控制器效果均与最优减振控制律非常接近。

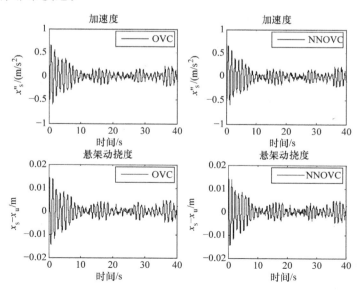

图 5.4 $v_0=15$m/s 时 OVC 和 NNOVC 作用下的加速度和动挠度

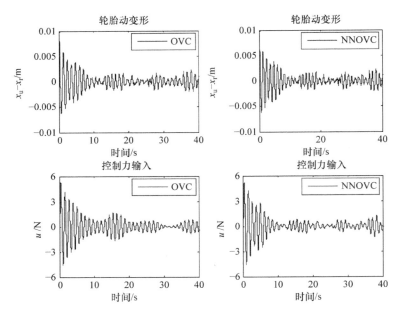

图 5.5 $v_0 = 15 \text{m/s}$ 时 OVC 和 NNOVC 作用下的动变形和控制力输入

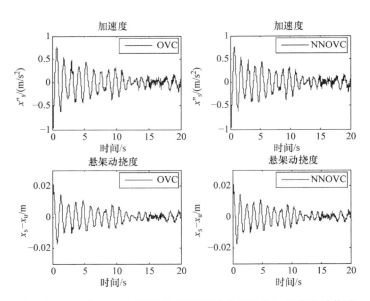

图 5.6 $v_0 = 30 \text{m/s}$ 时 OVC 和 NNOVC 作用下的加速度和动挠度

为了进一步验证神经网络最优减振控制律的效果，我们同时设计了最优减振控制律（OVC）、神经网络最优减振控制律（NNOVC）、开环系统（OLS）和 H_∞ 控制器对系统响应进行比较。表 5.2 列出了行驶速度为 $v_0 = 20 \text{m/s}$ 时在以上控制器作

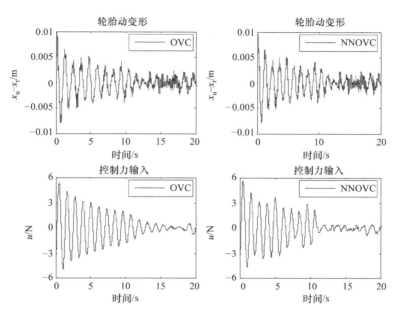

图 5.7 $v_0 = 30\text{m/s}$ 时 OVC 和 NNOVC 作用下的动变形和控制力输入

用下簧载质量加速度、悬架动挠度、轮胎动变形、控制力输入、二次性能指标的均方根（RMS）值。表中的比率（ratio）显示相对于开环系统和 H_∞ 控制器，神经网络最优减振控制律对于各项性能指标减小率最大。

表 5.2　不同控制律作用下各项性能指标的 RMS 值

控制律	OVC	NNOVC	OLS（ratio）	H_∞（ratio）
$\ddot{x}_s$	0.1994	0.1994	0.4202（−52.5%）	0.20（−0.3%）
$x_s - x_u$	0.0048	0.0048	0.0081（−40.7%）	0.049（−40.7%）
$x_u - x_r$	0.0022	0.0022	0.0196（−88.8%）	0.033（−93.3%）
u	1.386	1.332	—	—
J	22.026	21.972	26.5686（−40%）	—

显然，表 5.2 显示了在行驶速度 $v_0 = 20\text{m/s}$ 条件下神经网络最优减振控制律对于簧载质量加速度、悬架动挠度、轮胎动变形在幅值上的降低率高于开环系统和 H_∞ 控制器；同时，神经网络最优减振控制律（NNOVC）与最优减振控制律（OVC）的控制效果相同。但是，二者最关键的不同点是当行驶速度即时改变的情况下，神经网络最优减振控制律不需要即时调整；而最优减振控制律却需要根据行驶的速度不同而及时改变控制律的大小以使输出的控制律大小能够达到预期的目的，其原因可以从扰动外系统中观察出，矩阵 $\overline{G}$ 中包含的 ω_0 依赖于车辆行驶速度 v_0，因而当行驶速度改变时，扰动外系统的矩阵 $\overline{G}$ 也改变，导致在控制律当中的前

馈补偿项应该从相应的方程中实时地被计算出来。

  简而言之，从以上仿真我们可以看出，神经网络最优减振控制律使得闭环悬架系统在面临不同的行驶速度时其控制器的效果与最优减振控制器的效果相同，并且相比较开环控制和 H_∞，其对悬架系统各项性能响应的幅度降低得要大，因而也更加符合悬架控制器设计的要求。同时，神经网络最优减振控制律的控制器能量损耗相对小。更重要的是，当面临汽车行驶速度不断改变的时候，神经网络最优减振控制律能够对悬架系统实时地进行控制，而最优减振控制律需要根据不同的速度运用不同的控制器算法，因而在实时控制方面效果不如神经网络最优减振控制律。因而从仿真可以看出，最优减振控制律可以用神经网络最优减振控制律来代替。

第 6 章 时滞非线性不确定悬架滑模变结构减振控制

第一节 系统描述

考虑具有状态和控制时滞的不确定非线性单轮悬架系统

$$\begin{aligned}\dot{x}(t) &= A_0 x(t) + A_1 x(t-\sigma) + B_0 u(t) + B_1 u(t-\tau) + \overline{D} v(t) + \overline{d}(x,t) + f(x,t) \\ x(t) &= \phi(t), \quad t \in [-\sigma, 0] \\ u(t) &= 0, \quad t \in [-\tau, 0) \end{aligned} \qquad (6.1)$$

其中，$x(t) \in \mathbb{R}^n$ 和 $u(t) \in \mathbb{R}^m$ 分别为状态和控制向量；A_0，$A_1 \in \mathbb{R}^{n \times n}$，$B_0$，$B_1 \in \mathbb{R}^{n \times m}$，$D \in \mathbb{R}^{n \times q}$ 为常量矩阵；τ、$\sigma \in \mathbb{R}^+$ 分别为常量控制和状态时滞；$\phi(t) \in C([-\sigma, 0], \mathbb{R}^n)$，为初始状态向量；$\overline{d}(x,t)$ 表示由系统外部扰动或摄动引起的有界匹配不确定项；$f(x,t) \in C^1(\mathbb{R}^n \times \mathbb{R}, \mathbb{R}^n)$，是符合 Lipschitz 条件的非线性因素且 $f(0,t)=0$；$u(t)$ 是控制力输入。系统式（6.1）中的 $v(t) \in \mathbb{R}^q$ 是外部扰动输入，其动态特性由扰动外系统描述。

假设 6.1 系统式（6.1）是谱可控的。

接下来，我们将原系统式（6.1）的控制器设计问题转化为无时滞系统的控制器设计问题。定义以下泛函转换

$$y(t) = x(t) + \int_{t-\sigma}^{t} e^{A(t-h-\sigma)} A_1 x(h) dh + \int_{t-\tau}^{t} e^{A(t-h-\tau)} B_1 u(h) dh \qquad (6.2)$$

其中 y 是绝对连续和处处可导的，A 是一个即将被定义的 $n \times n$ 矩阵。对式（6.2）两边同时求导并且结合式（6.1）可以得到

$$\begin{aligned}\dot{y}(t) &= Ay(t) + (B_0 + e^{-A\tau} B_1) u(t) + \overline{D} v(t) + \overline{d}(x,t) + \\ & \quad f(x,t) - (A - A_0 - e^{-A\sigma} A_1) x(t) \end{aligned} \qquad (6.3)$$

从式（6.3）可以看出式（6.2）定义了一个微分方程系统

$$\begin{aligned}\dot{y}(t) &= Ay(t) + \overline{B} u(t) + \overline{D} v(t) + \overline{d}(x,t) + f(x,t) \\ y(0) &= \phi_0 = \phi(0) + \int_{-\sigma}^{0} e^{-A(h+\sigma)} A_1 x(h) dh \end{aligned} \qquad (6.4\text{-}1)$$

$$x(t) = y(t) - \int_{t-\sigma}^{t} e^{A(t-\delta)} \overline{A}_1 x(\delta) d\delta - \int_{t-\tau}^{t} e^{A(t-\delta)} \overline{B}_1 u(\delta) d\delta \qquad (6.4\text{-}2)$$

其中

$$A = A_0 + \bar{A}_1, \quad \bar{B} = B_0 + \bar{B}_1, \quad \bar{A}_1 = \mathrm{e}^{-A\sigma}A_1, \quad \bar{B}_1 = \mathrm{e}^{-A\tau}B_1 \quad (6.5)$$

A 为特征矩阵。由于系统式（6.1）是谱可控的，因而系统式（6.4）是完全可控的。实际上，这里 $\bar{f}(y,t) \triangleq f(x(y),t)$，但是为了方便推导，我们选择标记 $f(x,t)$ 而不是 $\bar{f}(y,t)$。这样得到与式（6.1）等价的无时滞系统式（6.4）。

注意到系统式（6.4）是由 y 和 $x(y)$ 耦合而成。事实上，$f(x,t)$ 是非线性项。从前期研究结果我们可以知道，利用泛函转换，y 是系统式（6.4）的解当且仅当 x 是系统式（6.1）的解；并且，如果控制器能够镇定式（6.1）则能够镇定式（6.4）。基于这个理论，我们将利用等价的无时滞系统式（6.4）解决系统式（6.1）的变结构减振控制器的设计问题。

因为不确定性是匹配的，因而 $\mathrm{rank}[\bar{B}\ \bar{d}] = \mathrm{rank}\bar{B}$，其中 $[\bar{B}\ \bar{d}]$ 是满秩矩阵，故存在一个非奇异矩阵 $\varXi \in \mathbb{R}^{n \times n}$ 满足

$$\varXi \bar{D} = \begin{bmatrix} D \\ 0 \end{bmatrix}, \quad \varXi \bar{B} = \begin{bmatrix} 0 \\ B \end{bmatrix}, \varXi \bar{d}(x,t) = \begin{bmatrix} 0 \\ d(x,t) \end{bmatrix}$$

其中 $D \in \mathbb{R}^{(n-n_1) \times q}$，$B \in \mathbb{R}^{n_1 \times m}$ 是非奇异的。定义非奇异转换

$$z(t) = \begin{bmatrix} z_1(t) \\ z_2(t) \end{bmatrix} \triangleq \varXi y(t), \quad \widetilde{M} = \begin{bmatrix} M_{11} & M_{12} \\ M_{21} & M_{22} \end{bmatrix} \triangleq \varXi A \varXi^{-1},$$

$$\widetilde{f}(x,t) = \begin{bmatrix} f_1(x,t) \\ f_2(x,t) \end{bmatrix} \triangleq \varXi f(x,t),$$

$$\widetilde{B} \triangleq \varXi \bar{B}, \quad \widetilde{D} \triangleq \varXi \bar{D}, \quad \widetilde{d}(x,t) \triangleq \varXi \bar{d}(x,t)$$

其中 $z_1(t) \in \mathbb{R}^{n-n_1}$，$z_2(t) \in \mathbb{R}^{n_1}$，系统式（6.4）被转换为规则形式

$$\dot{z}_1(t) = M_{11}z_1(t) + M_{12}z_2(t) + Dv(t) + f_1(x,t) \quad (6.6\text{-}1)$$

$$\dot{z}_2(t) = M_{21}z_1(t) + M_{22}z_2(t) + Bu(t) + f_2(x,t) + d(x,t) \quad (6.6\text{-}2)$$

其中非线性函数 $f_i(x,t)$，$i=1,2$ 满足 Lipschitz 条件且 $f_i(0,t) = 0$。矩阵对 (A,B) 是可控的，因而 (M_{11}, M_{12}) 是可控的。$d(x,t) = [d_1(x,t), d_2(x,t), \cdots, d_{n_1}(x,t)]^T$ 是不确定函数，且存在一个向量函数 $\rho(x,t) = [\rho_1(x,t), \rho_2(x,t), \cdots, \rho_{n_1}(x,t)]^T$：$\mathbb{R}^n \times \mathbb{R}^+ \to \mathbb{R}^{n_1}$ 满足

$$d(x,t) \leq \rho(x,t)$$

其中 $\rho_i(x,t)(i=1,2,\cdots,n_1)$ 是标量函数且 $d(x,t)$ 的组成部分小于或等于 $\rho(x,t)$ 的组成部分，即

$$d_i(x,t) \leq \rho_i(x,t), \quad \forall i = 1,2,\cdots,n_1$$

假设此条件为已知条件。这样，我们设计如下有限时域和无限时域的变结构减振控制律。

我们将给出非线性动态约束式（6.6）下的最优滑模面 $s^*(t)$ 的充要条件，此过程分为两个步骤：最优滑模面设计和变结构减振控制律设计。

第二节 最优滑模设计

为了对系统式（6.6）设计滑模面 $s(z) = C_1z_1(t) + C_2z_2(t)$，我们将 z_2 视为系统式（6.6-1）的一个虚拟控制律，有限时域二次性能指标为

$$J(\cdot) = \frac{1}{2}z_1^T(t_f)Q_fz_1(t_f) + \frac{1}{2}\int_0^{t_f}[z_1^T(t)Qz_1(t) + z_2^T(t)Rz_2(t)]dt \quad (6.7)$$

其中 $Q_f \in \mathbb{R}^{(n-n_1)\times(n-n_1)}$ 和 $Q = C^TC \in \mathbb{R}^{(n-n_1)\times(n-n_1)}$ 为半正定矩阵，$R \in \mathbb{R}^{n_1\times n_1}$ 是正定矩阵，(A,C) 是可观测的，通过解决系统式（6.6-1）对于性能指标式（6.7）的最优控制问题就能得到最优滑模面。

考虑系统式（6.6-1）对于性能指标式（6.7）的最优控制问题，忽略 $f_1(x,t)$ 与 y 的关系而将其视为一个外部激励项，我们能够得到如下结果：

定理 6.1 考虑由系统式（6.1）对于二次性能指标式（6.7）的最优滑模面设计问题，则最优滑模面是唯一存在的且为

$$s^* = [M_{12}^TP_1(t) \quad R]\Xi\Big(x^*(t) + \int_{t-\sigma}^t e^{A(t-h)}\overline{A}_1x^*(h)dh + \int_{t-\tau}^t e^{A(t-h)}\overline{B}_1u^*(h)dh\Big)$$
$$+ M_{12}^T[P_2(t)w(t) + g(t)] \quad (6.8)$$

其中 $P_1(t)$ 是如下 Riccati 矩阵微分方程的唯一正定解：

$$-\dot{P}_1(t) = M_{11}^TP_1(t) + P_1(t)M_{11} - P_1(t)M_{12}R^{-1}M_{12}^TP_1(t) + Q \quad (6.9)$$
$$P_1(t_f) = Q_f, \quad t \in [0,t_f]$$

$P_2(t)$ 是如下 Sylvester 矩阵微分方程的唯一解：

$$-\dot{P}_2(t) = [M_{11} - M_{12}R^{-1}M_{12}^TP_1(t)]^TP_2(t) + P_2(t)G + P_1(t)DF$$
$$P_2(t_f) = 0 \quad (6.10)$$

且 $g(t)$ 是如下协方程的唯一解：

$$\dot{g}(t) = [M_{12}R^{-1}M_{12}^TP_1(t) - M_{11}]^Tg(t) - P_1(t)f_1(x(t),t)$$
$$g(t_f) = 0 \quad (6.11)$$

最优状态 $x^*(t)$ 是如下闭环系统的解：

$$\dot{z}_1^*(t) = (M_{11} - M_{12}R^{-1}M_{12}^T)z_1^*(t) + [DF - M_{12}R^{-1}M_{12}^TP_1(t)]w(t) +$$
$$\quad f_1(x^*,t) - M_{12}R^{-1}M_{12}^Tg(t)$$
$$\phi_1(0) = \phi_1$$
$$z_2^*(t) = -R^{-1}M_{12}^T[P_1(t)z_1^*(t) + P_2(t)w(t) + g(t)]$$
$$x^*(t) = \Xi^{-1}z^*(t) - \int_{t-\sigma}^t e^{A(t-\delta)}\overline{A}_1x^*(\delta)d\delta - \int_{t-\tau}^t e^{A(t-\delta)}\overline{B}_1u^*(\delta)d\delta$$

$$(6.12)$$

引理 6.1 设 $f_1(x,t)$ 在其定义域内是 Lipschitz 连续并且有界。这样，逼近序列

$$\dot{g}^{(k)}(t) = [M_{12}R^{-1}M_{12}^{\mathrm{T}}P_1(t) - M_{11}]^{\mathrm{T}}g^{(k)}(t) - P_1(t)f_1(x^{(k-1)}(t),t)$$
$$g^{(k)}(t_f) = 0, \quad k = 1,2,\cdots \tag{6.13}$$

和

$$\dot{z}_1^{(k)}(t) = (M_{11} - M_{12}R^{-1}M_{12}^{\mathrm{T}})z_1^{(k)} + [DF - M_{12}R^{-1}M_{12}^{\mathrm{T}}P_1(t)]w(t) + f_1(x^{(k-1)}(t),t)$$
$$\qquad - M_{12}R^{-1}M_{12}^{\mathrm{T}}g^{(k)}(t)$$
$$z_1^{(k)}(0) = \phi_1$$
$$z_2^{(k)}(t) = -R^{-1}M_{12}^{\mathrm{T}}[P_1(t)z_1^{(k)}(t) + P_2(t)w(t) + g^{(k)}(t)]$$
$$x^{(k)}(t) = \Xi^{-1}z^{(k)}(t) - \int_{t-\sigma}^{t}\mathrm{e}^{A(t-\delta)}\overline{A}_1 x^{(k)}(\delta)\mathrm{d}\delta - \int_{t-\tau}^{t}\mathrm{e}^{A(t-\delta)}\overline{B}_1 u^{(k)}(\delta)\mathrm{d}\delta \tag{6.14}$$

或者

$$g^{(0)}(t) = 0$$
$$g^{(k)}(t) = \int_{t}^{\infty}\Phi^{\mathrm{T}}(r-t)P_1(t)f_1(x^{(k-1)}(r),r)\mathrm{d}r \tag{6.15}$$
$$g^{(k)}(t_f) = 0$$

和

$$z_1^{(k)}(t) = \Phi(t)z_1^{(k)}(0) + \int_0^t \Phi(t-r)[[DF - M_{12}R^{-1}M_{12}^{\mathrm{T}}P_2(t)]$$
$$\qquad w(r) + f_1(x^{(k-1)}(r),r) - M_{12}R^{-1}M_{12}^{\mathrm{T}}g^{(k)}(r)]\mathrm{d}r$$
$$z_1^{(k)}(0) = \phi_1$$
$$z_2^{(k)}(t) = -R^{-1}M_{12}^{\mathrm{T}}[P_1(t)z_1^{(k)}(t) + P_2(t)w(t) + g^{(k)}(t)] \tag{6.16}$$
$$x^{(k)}(t) = \Xi^{-1}z^{(k)}(t) - \int_{t-\sigma}^{t}\mathrm{e}^{A(t-\delta)}\overline{A}_1 x^{(k)}(\delta)\mathrm{d}\delta - \int_{t-\tau}^{t}\mathrm{e}^{A(t-\delta)}\overline{B}_1 u^{(k)}(\delta)\mathrm{d}\delta$$

其中

$$\Phi(t) = \exp[[M_{11} - M_{12}R^{-1}M_{12}^{\mathrm{T}}P_1(t)]t]$$

即式（6.13）和式（6.14）（或式（6.15）和式（6.16））的解的极限属于 $\mathbb{C}$（$[t_0,t_f];\mathbb{R}^n$）且在 $[t_0, t_f]$ 上全局逼近于式（6.11）和式（6.12）的唯一解。这样利用逼近序列则得到最优滑模面，如定理 6.2 所述。

定理 6.2 考虑非线性系统式（6.1）和二次型性能指标式（6.7），则最优滑模面为如下序列的极限：

$$s^{*(k)}(t) = [M_{12}^{\mathrm{T}}P_1(t) \quad R]\Xi(x^{(k)}(t) + \int_{t-\sigma}^{t}\mathrm{e}^{A(t-h)}\overline{A}_1 x^{(k)}(h)\mathrm{d}h + \int_{t-\tau}^{t}\mathrm{e}^{A(t-h)}\overline{B}_1 u^{(k)}$$
$$(h)\mathrm{d}h) + M_{12}^{\mathrm{T}}[P_2(t)w(t) + g^{(k)}(t)]$$

其中 $P_1(t) \in \mathbb{R}^{n \times n}$ 是 Riccati 矩阵微分方程（6.9）的唯一正定解，$P_2(t) \in \mathbb{R}^{n \times p}$ 是 Sylvester 矩阵微分方程（6.10）的唯一解，$g^{(k)}(t)$ 是线性向量微分方程序列式（6.13）或式（6.15）的唯一逼近解，最优状态 $x^*(t)$ 是闭环系统式（6.14）或式（6.16）的解。

第三节 最优滑模减振控制设计

下面我们需要选择一个趋近律。正如我们所知,根据不同的滑模可达条件可以设计不同的变结构控制律。在这里我们将采用指数趋近律:

$$\dot{s} = -ks - \varepsilon \text{sign}(s), \quad k, \varepsilon > 0 \tag{6.17}$$

其中

$$k = \text{diag}[k_1, k_2, \cdots, k_{n_1}], \varepsilon = \text{diag}[\varepsilon_1, \varepsilon_2, \cdots, \varepsilon_{n_1}],$$
$$\text{sign}(s) = [\text{sign}(s_1), \text{sign}(s_2), \cdots, \text{sign}(s_{n_1})]^T$$

参数 k_i,ε_i 将被确定、其决定着系统的瞬时响应和滑模到达的收敛速度。可达条件为

$$\dot{s}_i \geq -k_i s_i - \varepsilon_i \text{sign}(s_i), \quad s_i < 0$$
$$\dot{s}_i \leq -k_i s_i - \varepsilon_i \text{sign}(s_i), \quad s_i > 0 \tag{6.18}$$

其中 $i = 1, 2, \cdots, n_1$,即 $s\dot{s} < 0$。根据可达条件式(6.18),满足式(6.18)的变结构控制将驱使状态轨迹以指数速率到达滑模面并保持在那里。这样,基于趋近律式(6.17)的变结构减振控制如定理6.3所述。

定理6.3 考虑系统式(6.1)及二次型性能指标式(6.7),滑模面由式(6.8)给出,则状态轨迹将在如下变结构控制律的作用下在有限的时间内到达滑模面并保持在那里:

$$u^*(t) = -(RB)^{-1}\{[RM_{21} + M_{12}^T P_1(t)M_{11} + kM_{12}^T P_1(t) + M_{12}^T \dot{P}_1(t)RM_{22} +$$
$$M_{12}^T P_1(t)M_{12} + kR] \times \Xi\Big(x(t) + \int_{t-\sigma}^{t} e^{A(t-h)}\overline{A}_1 x(h)dh + \int_{t-\tau}^{t} e^{A(t-h)}\overline{B}_1 u(h)dh\Big) +$$
$$M_{12}^T[\dot{g}(t) + kg(t)] + [kM_{12}^T P_2(t) + M_{12}^T P_2(t)G + M_{12}^T \dot{P}_2(t) +$$
$$M_{12}^T P_1(t)DF]w(t) + Rf_2(x,t) + [\varepsilon + \rho(x,t)R]\text{sign}(s)\} \tag{6.19}$$

在式(6.19)中的变结构减振控制律 $u^*(t)$ 包含的扰动状态 $w(t)$ 是物理不可测的,为了解决这一问题,我们可以设计一个扰动向量的降维观测器来重构扰动变量。由于 $\text{rank} F = q$,存在任意矩阵 $H \in \mathbb{R}^{(p-q) \times p}$ 使得 $\Gamma = [F^T \quad H^T]^T \in \mathbb{R}^{p \times p}$ 是非奇异的。记 $\Pi = \Gamma^{-1} = [\Pi_1 \vdots \Pi_2]$,其中 $\Pi_1 \in \mathbb{R}^{p \times q}$ 和 $\Pi_2 \in \mathbb{R}^{p \times (p-q)}$,显然

$$I_p = \Gamma\Pi = \begin{bmatrix} F\Pi_1 & F\Pi_2 \\ H\Pi_1 & H\Pi_2 \end{bmatrix} = \begin{bmatrix} I_q & 0 \\ 0 & I_{p-q} \end{bmatrix}$$

这里 I_n 为 n-阶单位矩阵。

定理6.4 考虑系统式(6.1)、二次型性能指标式(6.7),根据滑模面式(6.8)设计动态滑模控制律为

$$\dot{\psi}(t) = (H - LF)G[\Pi_2\psi(t) + (\Pi_1 + \Pi_2 L)v(t)]$$
$$u_d(t) = -(RB)-1\{[RM_{21} + M_{12}^T P_1(t)M_{11} + kM_{12}^T P_1(t) + M_{12}^T \dot{P}_1(t) \quad RM_{22} + M_{12}^T P_1(t)M_{12} + kR]$$

$$\times \Xi \Big(x(t) + \int_{t-\sigma}^{t} e^{A(t-h)} \overline{A}_1 x(h) \mathrm{d}h + \int_{t-\tau}^{t} e^{A(t-h)} \overline{B}_1 u(h) \mathrm{d}h \Big) + M_{12}^{\mathrm{T}} [\dot{g}(t) +$$
$$kg(t)] + [kM_{12}^{\mathrm{T}} P_2(t) + M_{12}^{\mathrm{T}} P_2(t) G + M_{12}^{\mathrm{T}} \dot{P}_2(t) +$$
$$M_{12}^{\mathrm{T}} P_1(t) DF][\Pi_2 \eta(t) + (\Pi_1 + \Pi_2 L) v(t)] + Rf_2(x,t) +$$
$$[\varepsilon + \rho(x,t) R] \mathrm{sign}(s) \} \tag{6.20}$$

则状态轨迹将在式（6.20）的作用下在有限时间内到达滑模面并且保持在那里。

注6.1 在实际操作中，可以取误差足够小的次优控制和次优滑模面即可，如：

$$u^{(M)}(t) = -(RB)^{-1} \Big\{ [RM_{21} + M_{12}^{\mathrm{T}} P_1(t) M_{11} + kM_{12}^{\mathrm{T}} P_1(t) + M_{12}^{\mathrm{T}} \dot{P}_1(t)$$
$$RM_{22} + M_{12}^{\mathrm{T}} P_1(t) M_{12} + kR] \times \Xi \Big(x^{(M)}(t) + \int_{t-\sigma}^{t} e^{A(t-h)} \overline{A}_1 x^{(M)}(h) \mathrm{d}h + \int_{t-\tau}^{t} e^{A(t-h)} \overline{B}_1 u^{(M)}(h) \mathrm{d}h \Big) +$$
$$M_{12}^{\mathrm{T}} [\dot{g}^{(M)}(t) + kg^{(M)}(t)] + [M_{12}^{\mathrm{T}} P_2(t) G + kM_{12}^{\mathrm{T}} P_2(t) + M_{12}^{\mathrm{T}}$$
$$\dot{P}_2(t) + M_{12}^{\mathrm{T}} P_1(t) DF]w(t) + Rf_2(x^{(M-1)},t) + [\varepsilon + \rho(x^{(M-1)},t) R] \mathrm{sign}(s^{(M)}) \Big\}$$

注6.2 理想的滑模面为 $\dot{s} = 0$，这种状态下，将虚拟控制代入式（6.6-1）得到理想滑模系统

$$\dot{z}_1^*(t) = (M_{11} - M_{12} R^{-1} M_{12}^{\mathrm{T}}) z_1^*(t) + [DF - M_{12} R^{-1} M_{12}^{\mathrm{T}} P_1(t)] w(t) + f(x,t)$$
$$- M_{12} R^{-1} M_{12}^{\mathrm{T}} g(t)$$
$$\phi_1(0) = \phi_1$$
$$R z_2^*(t) + M_{12}^{\mathrm{T}} [P_1(t) z_1^*(t) + P_2(t) w(t) + g(t)] = 0$$

在式（6.19）中令 $s = 0$ 得到等价控制系统

$$u_e(t) = -(RB)^{-1} \Big\{ [RM_{21} + M_{12}^{\mathrm{T}} P_1(t) M_{11} + kM_{12}^{\mathrm{T}} P_1(t) + M_{12}^{\mathrm{T}} \dot{P}_1(t) \quad RM_{22} +$$
$$M_{12}^{\mathrm{T}} P_1(t) M_{12} + kR] \times \Xi \Big(x(t) + \int_{t-\sigma}^{t} e^{A(t-h)} \overline{A}_1 x(h) \mathrm{d}h +$$
$$\int_{t-\tau}^{t} e^{A(t-h)} \overline{B}_1 u(h) \mathrm{d}h \Big) + M_{12}^{\mathrm{T}} [\dot{g}(t) + kg(t)] + [kM_{12}^{\mathrm{T}} P_2(t) +$$
$$M_{12}^{\mathrm{T}} P_2(t) G + M_{12}^{\mathrm{T}} \dot{P}_2(t) + M_{12}^{\mathrm{T}} P_1(t) DF]w(t) + Rf_2(x,t) \Big\}$$

上述为有限时域最优滑模减振控制的求解过程。

第四节 仿真示例

将以上所设计的变结构减振控制律应用于单轮悬架模型中，并与开环系统进行比较。悬架模型的动态方程为

$$(m_s + \Delta m_s) \ddot{x}_s(t) + b_s [\dot{x}_s(t) - \dot{x}_u(t)] + (k_{1s} + \Delta k_{1s})[x_s(t) - x_u(t)] +$$
$$(k_{2s} + \Delta k_{2s})[x_s(t) - x_u(t)]^3 = u(t)$$

$$m_u \ddot{x}_u(t) - b_s[\dot{x}_s(t) - \dot{x}_u(t)] - (k_{1s} + \Delta k_{1s})[x_s(t) - x_u(t)] - (k_{2s} + \Delta k_{2s})$$
$$[x_s(t) - x_u(t)]^3 + (k_t + \Delta k_t)[x_u(t) - x_r(t)] = -u(t)$$

式中，k_{1s} 为线性刚度系数；k_{2s} 为非线性刚度系数；Δm_s、$\Delta k_i (i = 1s, 2s, t)$ 代表簧载质量、弹簧刚度、轮胎刚度中的不确定参数。非线性 $f_i(x)(i = 1, 2)$ 为

$$f_1(x) = k_{2s}[x_s(t) - x_u(t)]^3, \quad f_2(x) = -k_{2s}[x_s(t) - x_u(t)]^3$$

不确定性 $\Delta f_i(x)$ 为

$$\Delta f_1(x) = \Delta m_s \ddot{x}_s(t) + \Delta k_{1s}[x_s(t) - x_u(t)] + \Delta k_{2s}[x_s(t) - x_u(t)]^3$$
$$\Delta f_2(x) = -\Delta k_{1s}[x_s(t) - x_u(t)] - \Delta k_{2s}[x_s(t) - x_u(t)]^3 + \Delta k_t[x_u(t) - x_r(t)]$$

悬架系统的状态空间表达式中

$$A_1 = \begin{bmatrix} 0 & 0 & 1 & -1 \\ 0 & 0 & 0 & 1 \\ \dfrac{-k_{1s}}{m_s} & 0 & \dfrac{-b_s}{m_s} & \dfrac{b_s}{m_s} \\ \dfrac{k_{1s}}{m_u} & \dfrac{-k_t}{m_u} & \dfrac{b_s}{m_u} & \dfrac{-b_s}{m_u} \end{bmatrix}, \quad B_1 = \begin{bmatrix} 0 \\ 0 \\ \dfrac{1}{m_s} \\ \dfrac{-1}{m_u} \end{bmatrix}, \quad \overline{D} = \begin{bmatrix} 0 \\ -1 \\ 0 \\ 0 \end{bmatrix},$$

$$f(x) = \begin{bmatrix} 0 \\ 0 \\ \dfrac{-k_{2s}}{m_s}x_1^3 \\ \dfrac{k_{2s}}{m_u}x_1^3 \end{bmatrix}, \quad \overline{d}(x) = \begin{bmatrix} 0 \\ 0 \\ -\dfrac{\Delta k_{1s}}{m_s}x_1 - \dfrac{\Delta k_{2s}}{m_s}x_1^3 - \dfrac{\Delta m_s}{m_s}\dot{x}_3 \\ \dfrac{\Delta k_{1s}}{m_u}x_1 + \dfrac{\Delta k_{2s}}{m_u}x_1^3 - \dfrac{\Delta k_t}{m_u}x_2 \end{bmatrix}$$

采用如表 6.1 所示的参数值[37]。

表 6.1 单轮悬架模型的参数和取值

变量	取值	单位
m_s	350	kg
m_u	59	kg
k_{1s}	14500	N/m
k_{2s}	160000	N/m
k_t	190000	N/m
b_s	1100	N·s/m

相应的矩阵为

$$A_1 = \begin{bmatrix} 0 & 0 & 1 & -1 \\ 0 & 0 & 0 & 1 \\ -43.941 & 0 & -1.126 & 1.126 \\ 376.053 & -890.097 & 9.639 & -9.768 \end{bmatrix}, \quad f(x) = \begin{bmatrix} 0 \\ 0 \\ -4.394x_1^3 \\ 37.605x_1^3 \end{bmatrix},$$

$$B_1 = \begin{bmatrix} 0 & 0 \\ 0 & 0 \\ 0.001 & 0.001 \\ -0.009 & -0.009 \end{bmatrix}, \quad A_0 = B_0 = 0$$

设定初始值为 $x_0 = [1, 0.1, 0.1, 0.1]^T$,时滞为 $\tau = 0.01s$,$\sigma = 0.02s$,不确定参数为 $d_{m_s} = 0.285$,$d_{k_{1s}} = 0.15$,$d_{k_{2s}} = 0.15$,$d_{k_t} = 0.25$,也即 m_s 中的不确定性为 28.5%,k_{1s} 和 k_{2s} 中的不确定性为 15%,k_t 中的不确定性为 25%,这样不确定性的界为:$\Delta m_s \leq 100 \text{kg}$,$\Delta k_{1s} \leq 2175 \text{N/m}$,$\Delta k_{2s} \leq 24000 \text{N/m}$,$\Delta k_t \leq 47500 \text{N/m}$,从而界向量函数为

$$\rho(x) = \begin{bmatrix} 0 \\ 0 \\ -6.21x_1 - 68.57x_1^3 - 0.29\dot{x}_3 \\ 36.86x_1 + 406.78x_1^3 - 805.08x_2 \end{bmatrix}$$

为了测试路面扰动的工况,我们采取如下两种信号:正弦和衰减。

情形 6.1 考虑路面扰动由外系统描述并且

$$G = \begin{bmatrix} 0 & 0 & 1 & 0 \\ 0 & 0 & 0 & 1 \\ -1 & 0 & 0 & 0 \\ 0 & -2 & 0 & 0 \end{bmatrix}$$

这样 G 的特征根为 $\pm 1j$,$\pm 1.4142j$。二次型性能指标式 (6.7) 中 $Q = R = I_2$。首先计算方程 (6.9) 和 (6.10) 中的 P_1,P_2;进而,从方程 (6.13) 和 (6.14) 可以解得 $g^{(M)}$ 和 $x^{(M)}$;然后,设置趋近律式 (6.17) 中的 $k = 1$ 和 $\varepsilon = 0.05$,则得到最优滑模面和变结构减振控制律;最后,在变结构减振控制律和开环系统下的悬架的性能响应如图 6.1 和图 6.2 所示。

从图 6.1 中我们可以看出,在变结构减振控制律的作用下悬架性能响应振幅明显要比开环系统的降低。从图 6.2 中我们可以找到原因,在变结构减振控制律的作用下、状态逐渐趋向于最优滑模面,在被驱使至最优滑模面的过程中,等价控制律 u_e 使得状态得到镇定且保持着好的动态特性。

情形 6.2 考虑衰减扰动产生于外系统且

$$G = \begin{bmatrix} 0 & 0 & 1 & 0 \\ 0 & 0 & 0 & 1 \\ -0.05 & 0 & -0.4 & 0 \\ 0 & -0.34 & 0 & -0.3 \end{bmatrix}$$

这样 G 的特征值为 $-0.2 \pm 0.1j$,$-0.15 \pm 0.5635j$。二次型性能指标式 (6.7) 中 $Q = R = I_2$。利用同样的方法,解得矩阵 P_1 和 P_2 和 $g^{(M)}$ 和 $x^{(M)}$。趋近律式 (6.17)

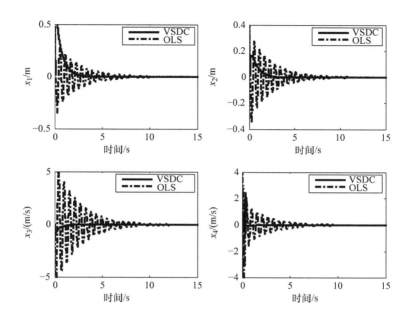

图 6.1 正弦扰动时 VSDC 作用下和 OLS 的状态轨迹图

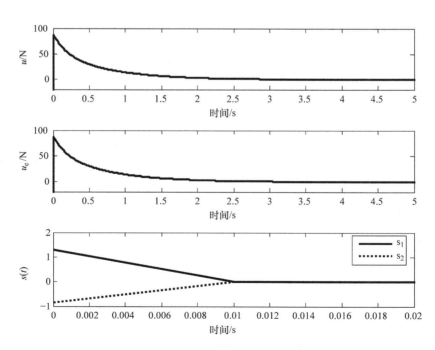

图 6.2 正弦扰动时控制输入和滑模面

中取 $k=1$，$\varepsilon=0.05$，这样我们能得到最优滑模面和变结构减振控制律，在变结构减振控制律和开环系统作用下的悬架系统性能响应如图 6.3 和图 6.4 所示。

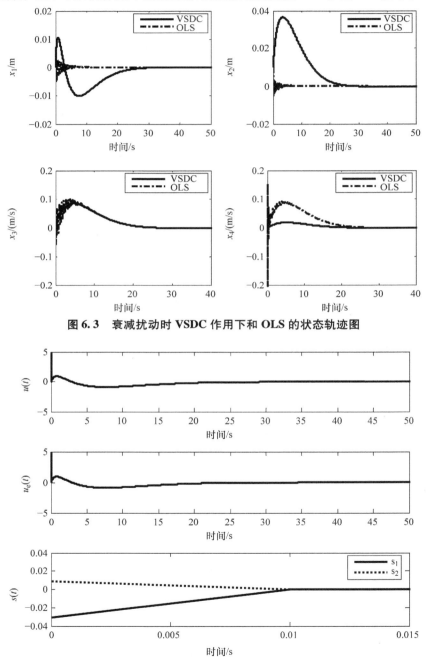

图 6.3　衰减扰动时 VSDC 作用下和 OLS 的状态轨迹图

图 6.4　衰减扰动时的控制输入和滑模面

时滞非线性不确定悬架滑模变结构减振控制 第 6 章

图 6.3 和图 6.4 显示，在变结构减振控制律作用下系统状态在大约 30s 的时候得到镇定，显然，所设计的变结构减振控制律使得因受到扰动而远离开环系统稳定的状态最终镇定下来。

简而言之，比较图 6.1～图 6.4 可以看出，在正弦扰动下尽管变结构减振控制律使得状态振幅降低了且低于开环系统的振幅，但是依然有振动出现。在衰减扰动下，系统状态逐渐趋于零。造成这两种现象的原因是扰动信号的特性不一样。注意到在变结构减振控制律式（6.19）中有一个前馈补偿项 $-(RB)^{-1}[M_{12}^T P_2(t) G + k M_{12}^T P_2(t) + M_{12}^T \dot{P}_2(t) + M_{12}^T P_1(t) DF] w(t)$，它是造成闭环系统状态响应受到扰动 $w(t)$ 的影响的原因。正因为如此，当面临正弦扰动时，变结构减振控制律能够补偿扰动产生的效果，使得状态振幅降低，但是并不能完全消除扰动的影响；但是当面临衰减扰动的时候，扰动的作用可以完全被消除。补充一点，正弦和随机扰动可以被内模补偿器完全消除，正如我们前期的研究结果中所介绍的。

第 7 章

时滞非线性悬架输入−输出反馈线性化减振控制

第一节 系统描述

考虑具有控制时滞的非线性单轮悬架控制系统

$$m_s\ddot{x}_s(t) + b_s[\dot{x}_s(t) - \dot{x}_u(t)] + k_{1s}[x_s(t) - x_u(t)] + k_{2s}[x_s(t) - x_u(t)]^3 = u(t-\tau),$$
$$m_u\ddot{x}_u(t) + b_s[\dot{x}_u(t) - \dot{x}_s(t)] + k_{1s}[x_u(t) - x_s(t)] + k_{2s}[x_u(t) - x_s(t)]^3 +$$
$$k_t[x_u(t) - x_r(t)] + b_t[\dot{x}_u(t) - \dot{x}_r(t)] = -u(t-\tau),$$
(7.1)

定义如下状态变量

$$x_1(t) = x_s(t) - x_u(t), \quad x_2(t) = x_u(t) - x_r(t), \quad x_3(t) = \dot{x}_s(t),$$
$$x_4(t) = \dot{x}_u(t), v(t) = \dot{x}_r(t), \quad y(t) = x_s(t) - x_u(t)$$

式中,$x_1(t)$ 是悬架动挠度;$x_2(t)$ 是轮胎动变形;$x_3(t)$ 是簧载质量速度;$x_4(t)$ 是非簧载质量速度;$y(t)$ 是输出向量,其可通过声或雷达发射器和接收器测量得到。这样,系统可以表达为

$$\begin{aligned}
\dot{x}_1 &= x_3 - x_4, \quad \dot{x}_2 = x_4 - v \\
\dot{x}_3 &= -\frac{k_{1s}}{m_s}x_1 - \frac{k_{2s}}{m_s}x_1^3 - \frac{b_s}{m_s}x_3 + \frac{b_s}{m_s}x_4 + \frac{1}{m_s}u(t-\tau) \\
\dot{x}_4 &= \frac{k_{1s}}{m_u}x_1 + \frac{k_{2s}}{m_u}x_1^3 - \frac{k_t}{m_u}x_2 + \frac{b_s}{m_u}x_3 - \frac{b_t+b_s}{m_u}x_4 - \frac{1}{m_u}u(t-\tau) + \frac{b_t}{m_u}v \\
y &= x_1
\end{aligned}$$
(7.2)

通过定义状态向量 $x(t) = [x_1(t) \quad x_2(t) \quad x_3(t) \quad x_4(t)]^T$,方程 (7.2) 可以描述为状态空间表达式:

$$\dot{x}(t) = f(x) + g(x)u(t-\tau) + Dv(t), \quad y(t) = Cx(t) = h(x), \quad x(0) = x_0$$
(7.3)

其中

时滞非线性悬架输入-输出反馈线性化减振控制 第 7 章

$$f(x) = \begin{bmatrix} x_3 - x_4 \\ x_4 \\ -\dfrac{k_{1s}}{m_s}x_1 - \dfrac{k_{2s}}{m_s}x_1^3 - \dfrac{b_s}{m_s}x_3 + \dfrac{b_s}{m_s}x_4 \\ \dfrac{k_{1s}}{m_u}x_1 + \dfrac{k_{2s}}{m_u}x_1^3 - \dfrac{k_t}{m_u}x_2 + \dfrac{b_s}{m_u}x_3 - \dfrac{b_t + b_s}{m_u}x_4 \end{bmatrix},$$

$$g(x) = \begin{bmatrix} 0 \\ 0 \\ \dfrac{1}{m_s} \\ -\dfrac{1}{m_u} \end{bmatrix}, D = \begin{bmatrix} 0 \\ -1 \\ 0 \\ \dfrac{b_t}{m_u} \end{bmatrix}, C = \begin{bmatrix} 1 & 0 & 0 & 0 \end{bmatrix}.$$

系统式（7.3）在无输入信号的条件下，即 $u,v\equiv 0$，原点为全局渐近稳定平衡点，即 $f(0)=0$。这样，具有驱动器时滞的非线性悬架系统就表示成为状态空间表达式。下面我们需要将其转化为标准型（normal form）。

系统式（7.3）有

$$L_g h(x) = 0, \quad L_f h(x) = x_3 - x_4, \quad L_g L_f h(x) = \dfrac{1}{m_s} + \dfrac{1}{m_u} \neq 0$$

可见其相对阶为 $\rho=2$。这样，存在一个微分同胚转换 $T(\cdot)$ 满足

$$T(x) = \begin{bmatrix} T_1(x) \\ T_2(x) \end{bmatrix} = \begin{bmatrix} \vartheta \\ z \end{bmatrix}$$

其中 $\vartheta = [\vartheta_1, \vartheta_2]^T, z = [z_1, z_2]^T$，将系统式（7.3）转换为标准型。为了找到 ϑ_1, ϑ_2，令

$$z_1 = h(x) = x_1, \quad z_2 = L_f h(x) = x_3 - x_4 \tag{7.4}$$

由于 $L_g \vartheta_1 = L_g \vartheta_2 = 0$，即

$$\dfrac{\partial \vartheta_1}{\partial x_3}\dfrac{1}{m_s} - \dfrac{\partial \vartheta_1}{\partial x_4}\dfrac{1}{m_u} = 0, \quad \dfrac{\partial \vartheta_2}{\partial x} = 0$$

选择

$$\vartheta_1 = m_s x_3 + m_u x_4, \quad \vartheta_2 = x_2 \tag{7.5}$$

整理式（7.4）和式（7.5）得到

$$\vartheta_1 = m_s x_3 + m_u x_4, \quad \vartheta_2 = x_2, \quad z_1 = x_1, \quad z_2 = x_3 - x_4 \tag{7.6}$$

也即

$$x_1 = z_1 = m_s x_3 + m_u x_4, \quad x_2 = \vartheta_2, \quad x_3 = \dfrac{m_u z_2 + \vartheta_1}{m_s + m_u}, \quad x_4 = \dfrac{-m_s z_2 + \vartheta_1}{m_s + m_u} \tag{7.7}$$

将式（7.6）方程两边同时求导并将式（7.7）代入则得到内部动态方程（internal dynamic equation）：

$$\dot{\vartheta}_1 = -\dfrac{b_t}{m_s + m_u}\vartheta_1 - k_t \vartheta_2 + \dfrac{b_t m_s}{m_s + m_u}z_2 + b_t v, \quad \dot{\vartheta}_2 = \dfrac{1}{m_s + m_u}\vartheta_1 - \dfrac{m_s}{m_s + m_u}z_2 - v$$

$$\tag{7.8}$$

其中视 z 为内部动态系统式（7.8）的输入，以及外部动态方程（external dynamic equation）：

$$\dot{z}_1 = z_2$$

$$\dot{z}_2 = -\frac{k_{1s}}{m_s + m_u}z_1 - \left[\frac{b_t m_s}{m_u(m_s + m_u)} + b_s\left(\frac{1}{m_s} + \frac{1}{m_u}\right)\right]z_2 + \frac{b_t}{m_u(m_s + m_u)}\vartheta_1 + \frac{k_t}{m_u}\vartheta_2$$

$$+ \left(\frac{1}{m_s} + \frac{1}{m_u}\right)u(t - \tau) - \frac{b_t}{m_u}v - k_{2s}\left(\frac{1}{m_s} + \frac{1}{m_u}\right)z_1^3 \quad (7.9)$$

整理式（7.8）和式（7.9）得到如下紧标准型（compact normal form）：

$$\dot{\vartheta} = f_0(\vartheta, z, v) = A_0\vartheta + B_0 z + D_0 v \quad (7.10)$$

$$\dot{z} = Az + B_1[L_g L_f h(x)u(t-\tau) + L_f^2 h(x) + L_D L_f h(x)v], \quad y = Cz \quad (7.11)$$

其中

$$A_0 = \begin{bmatrix} -\frac{b_t}{m_s + m_u} & -k_t \\ \frac{1}{m_s + m_u} & 0 \end{bmatrix}, \quad B_0 = \begin{bmatrix} \frac{b_t m_s}{m_s + m_u} \\ -\frac{m_s}{m_s + m_u} \end{bmatrix}, \quad D_0 = \begin{bmatrix} b_t \\ -1 \end{bmatrix}$$

$$A = \begin{bmatrix} 0 & 1 \\ 0 & 0 \end{bmatrix}, \quad B_1 = \begin{bmatrix} 0 \\ 1 \end{bmatrix}, \quad C = \begin{bmatrix} 1 & 0 \end{bmatrix}, \quad \begin{bmatrix} \vartheta(0) \\ z(0) \end{bmatrix} = \begin{bmatrix} \vartheta_0 \\ z_0 \end{bmatrix}$$

及

$$L_g L_f h(x) = \frac{1}{m_s} + \frac{1}{m_u}$$

$$L_f^2 h(x) = -\frac{k_{1s}}{m_s + m_u}z_1 - \left[\frac{b_t m_s}{m_u(m_s + m_u)} + b_s\left(\frac{1}{m_s} + \frac{1}{m_u}\right)\right]z_2 + \frac{b_t}{m_u(m_s + m_u)}\vartheta_1$$

$$+ \frac{k_t}{m_u}\vartheta_2 - k_{2s}\left(\frac{1}{m_s} + \frac{1}{m_u}\right)z_1^3$$

$$L_D L_f h(x) = -\frac{b_t}{m_u}$$

第二节　反馈线性化控制

反馈线性化控制

$$u(t-\tau) = -(L_g L_f h(x(t)))^{-1}[L_f^2 h(x(t)) - \bar{u}(t-\tau)]$$

$$= -\frac{m_s m_u}{m_s + m_u}[L_f^2 h(x(t)) - \bar{u}(t-\tau)]$$

$$= \frac{m_s m_u}{m_s + m_u}\left\{\frac{k_{1s}}{m_s + m_u}z_1(t) + \left[\frac{b_t m_s}{m_u(m_s + m_u)} + b_s\left(\frac{1}{m_s} + \frac{1}{m_u}\right)\right]z_2(t) \right. \quad (7.12)$$

$$\left. - \frac{b_t}{m_u(m_s + m_u)}\vartheta_1(t) - \frac{k_t}{m_u}\vartheta_2(t) + k_{2s}\left(\frac{1}{m_s} + \frac{1}{m_u}\right)z_1^3 + \bar{u}(t-\tau)\right\}$$

将系统式（7.11）化简为一个线性系统：

$$\dot{z}(t) = Az(t) + B_1 \bar{u}(t-\tau) - \frac{b_t}{m_u}B_1 v(t), \quad z(0) = z_0 \qquad (7.13)$$

从以往有限谱配置方法（FSA）的结果可知，系统式（7.13）等价于下面的无时滞系统：

$$\dot{\bar{z}} = A\bar{z} + \bar{B}\bar{u} - \frac{b_t}{m_u}B_1 v, \quad \bar{y} = C\bar{z}, \quad \bar{z}(0) = z_0 \qquad (7.14)$$

其中

$$\bar{z} = z + \int_{t-\tau}^{t} e^{A(t-h)} \bar{u}(h)\mathrm{d}h \bar{B}, \quad \bar{y} = y + C\int_{t-\tau}^{t} e^{A(t-h)}\bar{u}(h)\mathrm{d}h\bar{B} \qquad (7.15)$$

$\bar{B} = e^{-\tau A}B_1 = [\tau \ 1]^{\mathrm{T}}$。$(A, \bar{B})$ 是可控的。运用时滞补偿反馈控制

$$\bar{u} = -K_1\bar{z} - K_2\phi = -K_1(z + \int_{t-\tau}^{t} e^{A(t-h)}\bar{B}\bar{u}(h)\mathrm{d}h) - K_2\phi$$

系统式（7.14）的闭环系统为

$$\dot{\bar{z}} = (A - \bar{B}K_1)\bar{z} - \left(\frac{b_t}{m_u}B_1 + \bar{B}K_2\right)\phi \qquad (7.16)$$

式中，K_1 为比例增益，且使得 $(A - \bar{B}K_1)$ 为 Hurwitz；K_2 为前馈增益其作用是抑制扰动。

作者注意到控制器式（7.12）是一个预测控制器，下面我们将运用 LQR 技术设计一个状态反馈控制律；然后通过构造一个预测器来实现控制器当中的预测控制项；进而设计输出反馈控制器来实现状态反馈控制器中扰动状态的物理实现性以及解决部分系统状态不可测量的问题。

考虑由系统式（7.14）和外系统构成的最优减振控制问题，选择平均二次型性能指标为

$$J(\cdot) = \lim_{N \to \infty} \frac{1}{N}\int_0^N [\bar{z}^{\mathrm{T}}Q\bar{z} + r\bar{u}^2]\mathrm{d}t \qquad (7.17)$$

式中，N 是终止时刻；$Q = \mathrm{diag}(q_1, q_2)$ 和 $q_1, q_2, r > 0$ 是权重常数，其作用是对式（7.17）中包含的不同性能指标根据实际进行不同的权衡。

$(A, E^{1/2})$ 为可观测的，其中 E 是任一满足 $E^{\mathrm{T}}E = Q$ 的矩阵。这样，我们得到如下状态反馈控制律：

定理 7.1 由悬架系统式（7.1）和路面扰动外系统构成的主动减振控制问题可解，即存在非线性状态反馈控制律：

$$u(t) = -\frac{m_s m_u}{m_s + m_u}\left\{L_f^2 h(x(t+\tau)) + \frac{1}{r}\bar{B}^{\mathrm{T}}[P(T_2(x) + \int_{t-\tau}^{t}e^{A(t-h)}\bar{u}(h)\mathrm{d}h\bar{B}) + \widetilde{P}\phi(t)]\right\}$$

(7.18-1)

其中 $P^{\mathrm{T}} = P$ 为如下 Riccati 矩阵方程的唯一正定解

$$A^{\mathrm{T}}P + PA - \frac{1}{r}P\bar{B}\bar{B}^{\mathrm{T}}P + Q = 0 \qquad (7.18-2)$$

$\widetilde{P}$ 为如下 Sylvester 方程的唯一解

$$(A - \frac{1}{r}BB^T P)^T \widetilde{P} + \widetilde{P}G - \frac{b_t}{m_u}PB_0 F = 0 \qquad (7.18\text{-}3)$$

作者注意到反馈控制式（7.18-1）在现实中是无法实现的，因为非线性项 $L_f^2 h(\cdot)$ 为未来时间状态项。为了解决这一问题，我们需要设计一个预测器来实现这个预测控制。

通过前述分析我们知道，当非线性控制式（7.18-1）作用于系统式（7.1）时，取 $K_1 = \frac{1}{r}B^T P$，$K_2 = \frac{1}{r}B^T \widetilde{P}$，则闭环系统式（7.16）为

$$\dot{\bar{z}} = (A - \frac{1}{r}BB^T P)\bar{z} - (\frac{b_t}{m_u}B_1 + \frac{1}{r}BB^T \widetilde{P})\phi \triangleq \bar{A}\,\bar{z} + \bar{D}\phi, \quad \bar{z}(0) = z_0 \qquad (7.19)$$

这样，根据闭环系统式（7.19）以及外系统构造预测控制模型为

$$\dot{\hat{\bar{z}}} = \bar{A}\,\hat{\bar{z}} + \bar{D}\hat{\phi}, \quad \hat{\bar{z}}(0) = z_0 \qquad (7.20)$$

和

$$\dot{\hat{\phi}} = G\hat{\phi}, \quad \hat{\phi}(0) = \phi_0 \qquad (7.21)$$

式中，$\hat{\bar{z}}$ 是外部动态系统状态 $\bar{z}$ 的预测状态；$\hat{\phi}$ 是扰动状态 ϕ 的预测状态。通过

$$\hat{\bar{z}}(t+\tau) = e^{\bar{A}t}e^{\tau \bar{A}}z_0 + \int_0^{t+\tau} e^{\bar{A}(t-h)}\hat{\phi}(h)\mathrm{d}h(e^{\tau \bar{A}}\bar{D}) \qquad (7.22)$$

$$\hat{\phi}(t+\tau) = e^{Gt}e^{\tau G}\phi_0 \qquad (7.23)$$

式（7.20）和式（7.21）可解。线性预测控制为

$$\hat{\bar{u}}(t) = -K_1 \hat{z}(t) - K_2 \hat{\phi}(t) \qquad (7.24)$$

从式（7.15）我们可以解得状态 z 的预测状态 $\hat{z}$，即

$$\hat{z}(t+\tau) = \hat{\bar{z}}(t+\tau) - \int_t^{t+\tau} e^{A(t-h)}\hat{\bar{u}}(h)\mathrm{d}h(e^{\tau A}B) \qquad (7.25)$$

同时，根据方程（7.10）内部动态系统状态 ϑ 的预测状态 $\hat{\vartheta}$ 满足

$$\dot{\hat{\vartheta}} = A_0 \hat{\vartheta} + B_0 \hat{z} + D_0 F\hat{\phi} \qquad (7.26)$$

故其预测状态为 $\hat{\vartheta}(t+\tau) = e^{A_0 t}e^{\tau A_0}\vartheta_0 + \int_0^{t+\tau} e^{A_0(t-h)}e^{\tau A_0}[B_0 \hat{z}(h) + D_0 F\hat{\phi}]\mathrm{d}h$，将预测状态 $\hat{x}(t+\tau) = T^{-1}([\hat{\vartheta}^T(t+\tau), \hat{z}^T(t+\tau)]^T)$ 代入到状态反馈控制律式（7.18-1）即得到其预测控制律

$$\hat{u}(t) = -\frac{m_s m_u}{m_s + m_u}\Big\{L_f^2 h(\hat{x}(t+\tau)) + \frac{1}{r}B^T\Big[P(T_2(x(t))) +$$
$$\int_{t-\tau}^t e^{A(t-h)}\bar{u}(h)\mathrm{d}hB) + \widetilde{P}\phi(t)\Big]\Big\} \qquad (7.27)$$

其中预测项 $L_f^2 h(\hat{x}(t+\tau))$ 已经通过上述方法实现，其他项能够利用可测状态计算得到。

算法 7.1 预测控制器设计过程：
（i）从方程（7.23）解得 $\hat{\phi}(t+\tau)$；
（ii）从方程（7.22）解得 $\hat{\bar{z}}(t+\tau)$；

(iii) 从方程（7.24）在时域 $[t, t+\tau]$ 内得到 $\hat{\bar{u}}$;
(iv) 将 $\hat{\bar{u}}$ 的值代入式（7.25）则得到 $\hat{z}(t+\tau)$;
(v) 从方程（7.26）解得 $\hat{\vartheta}(t+\tau)$;
(vi) 从公式（7.27）得到预测控制 $\hat{u}(t)$。

这样，令

$$\alpha(\cdot) = \frac{-L_f^2 h(\cdot)}{L_g L_f h(\cdot)} = -\frac{m_s m_u}{m_s + m_u} L_f^2 h(\cdot), \quad \beta = \frac{m_s m_u}{m_s + m_u}$$

预测控制器 $\hat{u}(t) = \beta \bar{u}(t) + \alpha(\hat{x}(t+\tau))$，作用于系统式（7.1）的闭环系统结构图如图7.1 所示。

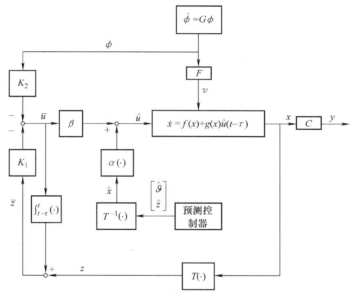

图7.1 预测状态反馈控制下闭环系统结构图

作者注意到非线性控制式（7.27）中的扰动状态 ϕ 物理不可实现，且系统状态 x 只有部分变量可测，针对这两个问题，我们可以通过构造一个降维状态观测器来解决。定义扩展状态 $\zeta = [\bar{z}^T, \phi^T]^T$ 得到扩展状态方程：$\dot{\zeta} = \widetilde{A}\zeta + \widetilde{B}\bar{u}$，$\widetilde{y} = \widetilde{C}\zeta$，其中

$$\widetilde{A} = \begin{bmatrix} A & -\frac{b_t}{m_u}B_0 F \\ 0 & G \end{bmatrix}, \quad \widetilde{B} = \begin{bmatrix} B \\ 0 \end{bmatrix}, \quad \widetilde{C} = \begin{bmatrix} \bar{C} & 0 \\ 0 & F \end{bmatrix}, \quad \widetilde{y} = \begin{bmatrix} \bar{y} \\ v \end{bmatrix}$$

矩阵对 $(\widetilde{A}, \widetilde{C})$ 是可观测的。构造降维状态观测器

$$\dot{\psi} = (Y - \Gamma \widetilde{C})[\widetilde{A}\Pi_2 \psi + \widetilde{A}(\Pi_1 + \Pi_2 \Gamma)\widetilde{y} + \widetilde{B}\bar{u}], \quad \hat{\zeta} = \Pi_2 \psi + (\Pi_1 + \Pi_2 \Gamma)\widetilde{y} \tag{7.28}$$

式中，Y、Π_1、Π_2 是适当维数的常量矩阵；ψ 是观测器状态；$\hat{\zeta}$ 是 ζ 的重构状态；Γ 是观测器增益，其使得矩阵 $(Y - \Gamma \widetilde{C})\widetilde{A}\Pi_2$ 的特征根能够配置到复平面的左半平

面。这样，在观测器式（7.28）和控制器式（7.27）下的动态输出反馈控制律为

定理7.2 对于具有驱动器时滞的悬架系统式（7.1）和路面扰动系统设计非线性输出反馈控制律

$$\dot{\psi} = (Y - \Gamma \widetilde{C})\left\{\widetilde{A}\Pi_2\psi + \widetilde{B}\bar{u} + \widetilde{A}(\Pi_2\Gamma + \Pi_1)\begin{bmatrix}\bar{y}\\v\end{bmatrix}\right\}$$

$$u_d = -\frac{m_s m_u}{m_s + m_u}\left\{L_f^2 h(\hat{x}(t+\tau)) + \frac{1}{r}B^{\mathrm{T}}\begin{bmatrix}P & \widetilde{P}\end{bmatrix}\begin{bmatrix}\Pi_2\psi + (\Pi_1 + \Pi_2\Gamma)\begin{bmatrix}\bar{y}\\v\end{bmatrix}\end{bmatrix}\right\}$$

式中，P 是 Riccati 方程（7.18-2）的唯一正定解；$\widetilde{P}$ 是 Sylvester 方程（7.18-3）的唯一解；Γ 是观测器增益，其使得 $\mathrm{Re}[\mu(Y - \Gamma\widetilde{C})\widetilde{A}\Pi_2] < 0$，其中的预测控制项由算法7.1得到。运用极点配置法调节观测器增益 Γ，估计状态 $[\tilde{z}^{\mathrm{T}}, \tilde{\phi}^{\mathrm{T}}]^{\mathrm{T}}$ 能达到 $\lim_{t\to\infty}[\tilde{z}^{\mathrm{T}}, \tilde{\phi}^{\mathrm{T}}]^{\mathrm{T}} = [z^{\mathrm{T}}, \phi^{\mathrm{T}}]^{\mathrm{T}}$ 的效果。输出反馈控制器作用下的闭环系统结构图如图7.2所示。

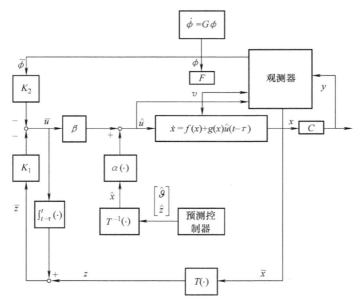

图7.2 状态反馈控制下的闭环结构图

第三节 稳定性分析

这一节将分析预测误差系统、零动态、闭环系统的稳定性。

一、预测误差系统的稳定性

设预测误差 $e_\vartheta = \vartheta - \tilde{\vartheta}$，$e_z = z - \tilde{z}$，$e_\phi = \phi - \tilde{\phi}$，原系统式（7.19）、式（7.10）

及外系统分别减预测模型式（7.26）、式（7.20）、式（7.21）得到预测误差系统

$$\begin{aligned}\dot{e}_\vartheta &= A_0 e_\vartheta + B_0 e_z + D_0 F e_\phi \\ \dot{e}_z &= \overline{A} e_z + \overline{D} e_\phi \\ \dot{e}_\phi &= G e_\phi\end{aligned} \quad (7.29)$$

定义一个 Lyapunov 备选函数 $V = e_\vartheta^T P_1 e_\vartheta + e_z^T P_2 e_z + e_\phi^T P_3 e_\phi$，$P_1$ 满足 $A_0^T P_1 + P_1 A_0 = -I$ 和 $\overline{A}^T P_2 + P_2 \overline{A} = -I$，$A_0$、$\overline{A}$ 为 Hurwitz 矩阵，其沿着式（7.29）求导得

$$\begin{aligned}\dot{V} &= e_\vartheta^T (A_0^T P_1 + P_1 A_0) e_\vartheta + e_z^T (\overline{A}^T P_2 + P_2 \overline{A}) e_z + e_\phi^T (G^T P_3 + P_3 G) e_\phi \\ &\quad + 2 e_z^T B_0^T P_1 e_\vartheta + 2 e_\phi^T F^T D_0^T P_1 e_\vartheta + 2 e_\phi^T \overline{D}^T P_2 e_z \\ &\leq -\|e_\vartheta\|^2 - \|e_z\|^2 + 2 \|B_0^T P_1\| \|e_z\| \|e_\vartheta\| + \\ &\quad 4\delta [\|F^T D_0^T P_1\| \|e_\vartheta\| + \|\overline{D}^T P_2\| \|e_z\|] + 8\delta^2 \|G^T P_3\| \\ &= -\begin{bmatrix}\|e_\vartheta\| \\ \|e_z\|\end{bmatrix}^T \begin{bmatrix} 1 & \|B_0^T P_1\| \\ \|B_0^T P_1\| & 1 \end{bmatrix} \begin{bmatrix}\|e_\vartheta\| \\ \|e_z\|\end{bmatrix} + \\ &\quad 4\delta [\|F^T D_0^T P_1\| \quad \|\overline{D}^T P_2\|] \begin{bmatrix}\|e_\vartheta\| \\ \|e_z\|\end{bmatrix} + 8\delta^2 \|G^T P_3\|\end{aligned}$$

也即

$$\dot{V} \leq -e^T M e + 4\delta \Lambda e + 8\delta^2 \|G^T P_3\| \quad (7.30)$$

其中

$$e = \begin{bmatrix}\|e_\vartheta\| \\ \|e_z\|\end{bmatrix}, M = \begin{bmatrix} 1 & \|B_0^T P_1\| \\ \|B_0^T P_1\| & 1 \end{bmatrix}, \Lambda = [\|F^T D_0^T P_1\| \quad \|\overline{D}^T P_2\|]$$

M 为正定矩阵，由式（7.30）得

$$\dot{V} \leq -\frac{1}{2} e^T M e - \left(\frac{1}{2} e^T M e - 4\delta \Lambda e - 8\delta^2 \|G^T P_3\|\right)$$

$$\dot{V} \leq -\frac{1}{2} e^T M e, \forall \|e\| \geq 4\delta \frac{\|\Lambda\| + \sqrt{\|\Lambda\|^2 + \|M\| \|G^T P_3\|}}{\|M\|}$$

证得预测误差一致毕竟有界［114，定理 4.18］，在实际工程中常作为可以接受的稳定性条件。

二、零动态稳定性

在内部动态系统式（7.10）中将 z 视为输入向量，且令 $v \equiv 0$ 则得到零动态方程

$$\dot{\vartheta} = f_0(\vartheta, 0, 0) = A_0 \vartheta$$

其特征方程为

$$|\mu I - A_0| = \mu^2 + \frac{b_t}{m_s + m_u}\mu + \frac{k_t}{m_s + m_u}$$

特征根为

$$\mu_{1,2} = -\frac{1}{2}\left[\frac{b_t}{m_s+m_u} \pm \sqrt{\frac{b_t^2 - 4k_t(m_s+m_u)}{(m_s+m_u)^2}}\right]$$

实际上，$b_t \ll k_t$，因而 $\mathrm{Re}\mu_{1,2} < 0$，故 A_0 为 Hurwitz，零动态渐近稳定性得证。

三、闭环系统稳定性

将预测状态 $\hat{z} = z + \Delta_2(z)$ 代入式（7.10）得到内部动态的闭环系统

$$\dot{\vartheta} = A_0\vartheta + B_0 z + D_0 F\phi + B_0\Delta_1(z) \quad (7.31)$$

其中 A_0 为 Hurwitz，设 $\|\Delta_1(z)\| \le \delta_1$，$\delta_1 > 0$ 为一已知常数，对应式（7.12）滞后的预测控制为

$$\hat{u}(t-\tau) = -(L_g L_f h(\hat{x}(t)))^{-1}[L_f^2 h(\hat{x}(t)) - \bar{u}(t-\tau)]$$

将其代入至外部动态系统式（7.11）得

$$\dot{z} = Az + B_1\left[-L_g L_f h(x)\frac{L_f^2 h(\hat{x}) - \bar{u}(t-\tau)}{L_g L_f h(\hat{x})} + L_f^2 h(x) + L_D L_f h(x)v\right] \quad (7.32)$$

由于

$$L_g L_f h(\hat{x}) = L_g L_f h(x) = \frac{1}{m_s} + \frac{1}{m_u} \quad (7.33)$$

令

$$L_f^2 h(\hat{x}) = L_f^2 h(x) + \Delta_2(z) \quad (7.34)$$

并设 $\|\Delta_2(z)\| \le \delta_2$，$\delta_2 > 0$ 为一已知常数。根据式（7.12）~式（7.16）和式（7.31）~式（7.33）得到外部动态的闭环系统

$$\dot{z} = (A - BK_1)z - \left(\frac{b_t}{m_s}B_1 F + BK_2\right)\phi + B_1\Delta_2(z) \quad (7.35)$$

附录 A.8 中通过以下两个步骤证明了闭环系统式（7.31）和式（7.35）的全局毕竟有界性：

第 1 步：证明内部动态闭环系统式（7.31）的输入-状态稳定性；

第 2 步：证明闭环系统式（7.31）和式（7.35）的毕竟有界性。

定理 7.3 考虑闭环系统式（7.31）和式（7.35）。存在 $\varepsilon > 0$ 使得增广状态 $[\vartheta^T, z^T]^T$ 全局毕竟有界，其中界为关于 ε 的 $\mathcal{K}$ 类函数。

第四节　仿真示例

我们将所设计的反馈线性化主动减振控制律运用到具有驱动器时滞的单轮悬架系统，进行了仿真实验。单轮悬架系统的参数值为[92]：

$m_s:350\mathrm{kg}$，　$m_u:59\mathrm{kg}$，　$k_{1s}:14500\mathrm{N/m}$，　$k_{2s}:160000\mathrm{N/m}^3$

$k_t:190000\mathrm{N/m}$，　$b_s:1100\mathrm{N\cdot s/m}$，　$b_t:170\mathrm{N\cdot s/m}$

计算得到的相关矩阵为

$$f(x) = \begin{bmatrix} x_3 - x_4 \\ x_4 \\ -41.43x_1 - 457.14x_1^3 - 3.14x_3 + 3.14x_4 \\ 245.76x_1 + 2711.86x_1^3 - 3220.34x_2 + 18.64x_3 - 21.53x_4 \end{bmatrix}$$

$$g(x) = \begin{bmatrix} 0 \\ 0 \\ 2.857 \times 10^{-3} \\ -16.95 \times 10^{-3} \end{bmatrix}, \quad D = \begin{bmatrix} 0 \\ -1 \\ 0 \\ 2.88 \end{bmatrix}, \quad C = \begin{bmatrix} 1 & 0 & 0 & 0 \end{bmatrix}$$

设置式（7.8）中的参数为 $v_0 = 20\text{m/s}$，$l = 400$，$p = 200$，选择路面平整度 $S_g(\Omega_0)$ $= 64 \times 10^{-7} \text{m}^3$ 来产生路面状况。在二次型性能指标式（7.17）中取 $q_1 = q_2 = 1$ 和 $r = 1$，驱动器时滞取为 $\tau = 20\text{ms}$。在仿真中我们在运用本文的方法设计了反馈线性化控制器（FLC）的同时又设计了开环系统（OLS）、无时滞补偿控制器（UCC）和 Jacobi 线性化控制器（JLC，即未有非线性补偿）以便进行比较，以下是仿真比较的过程和结果。

1. 开环系统的意思是原系统式（7.3）的控制器输入为零，即

$$\dot{x}(t) = f(x) + Dv(t), \quad y(t) = Cx(t), \quad x(0) = x_0 \tag{7.36}$$

开环系统式（7.36）和反馈线性化控制律（FLC）下簧载质量加速度、悬架动挠度、轮胎动变形的响应以及控制力的输入分别在图 7.3 和图 7.4 中展示。为了加强

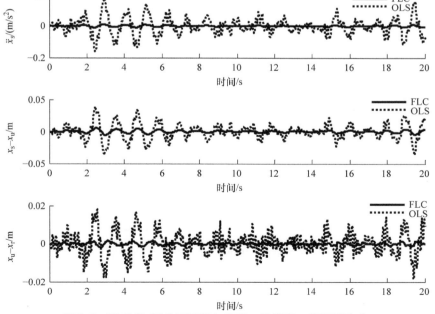

图 7.3　FLC 和 OLS 下悬架加速度、动挠度、动变形响应

比较效果，我们又同时选择了不同的驱动器时滞，即 $\tau=20\text{ms}$，40ms，对簧载质量加速度、悬架动挠度、轮胎动变形的响应采用了均方根值（RMS）在表 7.1 中进行了比较。仿真数据显示，反馈线性化控制律对各项性能振幅的降低明显优于开环系统。这是因为开环系统没有控制作用，也即系统受到的外部影响没有得到明确的解决，例如驱动器时滞问题、非线性因素问题；相反，反馈线性化控制律则在所设计的控制律中分别针对驱动器时滞问题和非线性因素问题进行了补偿，因此同图 7.3、图 7.4 和表 7.1 中的表现一样，反馈线性化控制律比较开环系统更加有效地对悬架系统的振幅进行了降低，并且实验也显示它对于一定范围内的驱动器时滞具有有效补偿作用。

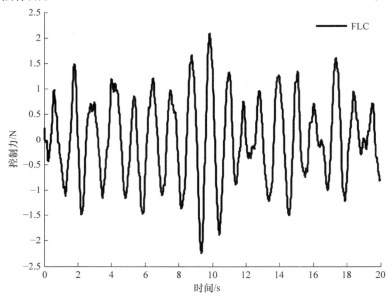

图 7.4　FLC 控制力输入

表 7.1　FLC 和 OLS 下性能指标 RMS 值比较

时滞	$\tau=20\text{ms}$		$\tau=40\text{ms}$	
控制律	FLC（ratio）	OLS	FLC（ratio）	OLS
$\ddot{x}/(\text{m/s}^2)$	0.024（59.18%）	0.0588	0.019（67.58%）	0.0586
x_s-x_u/m	0.013（44.44%）	0.0234	0.005（62.96%）	0.0135
x_u-x_r/m	0.007（57.58%）	0.0165	0.002（69.23%）	0.0065
u/N	1.78	—	1.525	—
J	1.824（49.05%）	3.58	1.551（16.57%）	1.859

2. 为了进一步证实对时滞补偿的必要性，我们又设计了无时滞补偿的控制器（UCC）与反馈线性化控制律进行了比较：

$$u_{\text{ucc}}(t)=\frac{m_s m_u}{m_s+m_u}\left\{L_f^2 h(\hat{x}(t+\tau))+\frac{1}{r}B^{\text{T}}[PT_2(x)+\widetilde{P}\phi(t)]\right\} \quad (7.37)$$

在反馈线性化控制律和无时滞补偿控制律作用下的簧载质量加速度、悬架动挠度、轮胎动变形及控制力输入如图7.5和图7.6所示。同时，表7.2展示了驱动器时滞

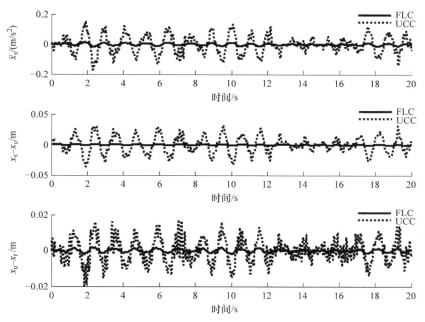

图7.5　FLC和UCC下悬架加速度、动挠度、动变形响应

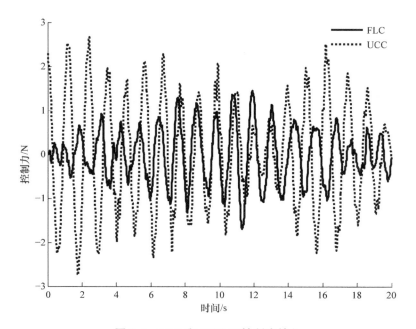

图7.6　FLC和UCC下控制力输入

取值为 $\tau=20\mathrm{ms}$，$40\mathrm{ms}$ 时悬架系统各项性能的响应及其降低率百分比。比较无时滞补偿控制律式（7.30）和反馈线性化控制律式（7.27），我们可以看到，前者缺乏时滞补偿项 $\int_{t-\tau}^{t} \mathrm{e}^{A(t-h)} \bar{u}(h) \mathrm{d}h B$，这也是造成这两个控制律控制效果不同的主要原因。正如综述中强调的一样，忽略对系统时滞的补偿将会带来系统的不稳定。图 7.5、图 7.6 和表 7.2 正是显示了这两种控制器作用下的悬架性能响应之间的巨大差别，说明如果不对系统时滞进行有效补偿，系统响应产生巨大振幅，也与真实模型产生巨大误差，因而我们提倡对系统遭受的时滞进行有效补偿。

表 7.2 FLC 和 UCC 下性能指标 RMS 值比较

时滞	$\tau=20\mathrm{ms}$		$\tau=40\mathrm{ms}$	
控制律	FLC（ratio）	UCC	FLC（ratio）	UCC
$\ddot{x}/(\mathrm{m/s^2})$	0.024（60.91%）	0.0614	0.019（66.67%）	0.057
x_s-x_u/m	0.013（45.83%）	0.024	0.005（61.83%）	0.0131
x_u-x_r/m	0.007（58.08%）	0.0167	0.002（81.13%）	0.0106
u/N	1.78（40.67%）	3.0	1.525（26.79%）	2.083
J	1.824（40.34%）	3.0571	1.551（28.32%）	2.1637

3. 最后，为了显示所设计的反馈线性化控制律中对非线性进行了有效补偿的有效性，我们又设计了 Jacobi 线性化控制器（JLC，即控制器中只有线性化项，没有对非线性补偿项）与之进行比较。考虑系统式（7.3）且记为 $\dot{x}(t) \triangleq \Psi(x, u(t-\tau))$，Jacobi 矩阵为

$$A=\frac{\partial \Psi}{\partial x}\bigg|_{x=0}=\begin{bmatrix} 0 & 0 & 1 & -1 \\ 0 & 0 & 0 & 1 \\ -\frac{k_{1s}}{m_s} & 0 & -\frac{b_s}{m_s} & \frac{b_s}{m_s} \\ \frac{k_{1s}}{m_u} & -\frac{k_t}{m_u} & \frac{b_s}{m_u} & -\frac{b_t+b_s}{m_u} \end{bmatrix}, \quad B=\frac{\partial \Psi}{\partial u(t-\tau)}\bigg|_{u=0}=\begin{bmatrix} 0 \\ 0 \\ \frac{1}{m_s} \\ -\frac{1}{m_u} \end{bmatrix}$$

这样，设计 Jacobi 线性化控制律为

$$u_{\mathrm{JLC}}(t)=-\frac{1}{r}B^{\mathrm{T}}\left[P\left(T_2(x)+\int_{t-\tau}^{t}\mathrm{e}^{A(t-h)}\bar{u}(h)\mathrm{d}h B\right)+\widetilde{P}\phi(t)\right] \quad (7.38)$$

分别在反馈线性化控制律和 Jacobi 线性化控制律作用下的簧载质量加速度、悬架动挠度、轮胎动变形以及控制力输入在图 7.7 和图 7.8 中展示出来。同样地，当驱动器时滞取值为 $\tau=20\mathrm{ms}$，$40\mathrm{ms}$ 时各项性能响应的均方根值和降低率的百分比值列于表 7.3 中。相比较于反馈线性化控制律式（7.27），我们可以看到控制器式（7.31）缺乏非线性补偿项 α 和 β，意味着在控制器式（7.31）的作用下，系统只能在平衡点附近达到局部线性化，也即局部渐近稳定，而在稍大范围内由于系统受到非线性因素的影响，而该控制律没有对其进行补偿或抵消，因而系统不能达到大范围的渐近稳定。相反，作者所设计的反馈线性化控制律，由于对非线性进行了完

全抵消，因而在其作用下的闭环系统能够得到全局镇定。正如图 7.7、图 7.8 和表 7.3 所示，在反馈线性化控制律作用下的闭环系统性能响应的振幅，均小于 Jacobi 线性化控制律作用下的性能响应。

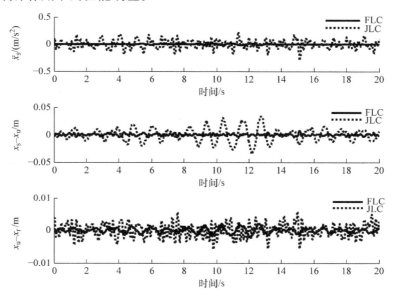

图 7.7　FLC 和 JLC 下悬架加速度、动挠度、动变形响应

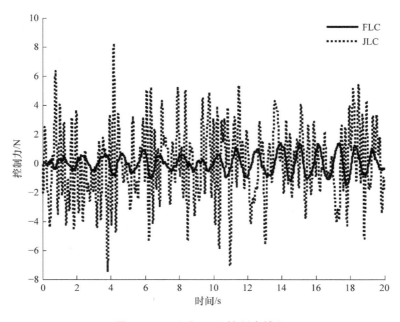

图 7.8　FLC 和 JLC 控制力输入

表7.3　FLC 和 JLC 下性能指标的 RMS 值比较

时滞	$\tau = 20\text{ms}$		$\tau = 40\text{ms}$	
控制律	FLC (ratio)	JLC	FLC (ratio)	JLC
$\ddot{x}_s / (\text{m/s}^2)$	0.024 (67.87%)	0.0747	0.019 (74.18%)	0.0736
$x_s - x_u / \text{m}$	0.013 (40.91%)	0.022	0.005 (72.22%)	0.018
$x_u - x_r / \text{m}$	0.007 (12.5%)	0.008	0.002 (44.44%)	0.0036
u/N	1.78 (63.5%)	4.877	1.525 (68.64%)	4.863
J	1.824 (62.68%)	4.888	1.551 (68.18%)	4.874

第 8 章

时滞非线性系统delta域最优减振控制

第一节 系统描述

考虑 delta 域具有状态和控制时滞的非线性系统

$$\Delta\psi(k) = H\psi(k) + \sum_{i=1}^{m} A_i\psi(k-\sigma_i) + Gu(k) + \sum_{j=1}^{n} B_j u(k-h_j) + f(\psi(k),k) \quad (8.1)$$

其中 $\Delta(\cdot)(k) = [(\cdot)(k+1) - (\cdot)(k)]/T$ ($T \neq 0$) 是 delta 算子,当 $T \to 0$ 时,delta 算子 Δ 近似于微分算子;$\psi \in \mathcal{R}^{\mu_1}$ 和 $u \in \mathcal{R}^{\mu_2}$ 分别为状态向量和控制向量;H,A_i,G,B_j 为适当维数的常实数矩阵;σ_i、$h_j \in \mathcal{R}^+$,分别为状态时滞和控制时滞,且 $\sigma = \max_i \sigma_i$, $h = \max_j h_j$。初始条件为 $\psi(k) = \phi(k)$, $k \in [k_0 - \sigma, k_0]$ 和 $u(k) = \alpha(k)$, $k \in [k_0 - h, k_0]$,且 $\phi(k) \in \mathcal{C}([-\sigma, 0]; \mathcal{R}^{\mu_1})$ 和 $\alpha(k) \in \mathcal{C}([-r, 0]; \mathcal{R}^{\mu_2})$。非线性函数 $f: \mathcal{C}^1(\mathcal{R}^{\mu_1}, \mathcal{R}^+) \to \mathcal{R}^{\mu_1}$ 符合 $\mathcal{R}^{\mu_1}$ 上的 Lipschitz 条件且 $f(0, k) = 0$。由于在实际中,控制力和控制输出不能同时为 0,故选择无限时域平均二次型性能指标

$$J = \lim_{N \to \infty} \frac{1}{N} \sum_{k=0}^{N} [\psi^T(k) Q \psi(k) + u^T(k) R u(k)] \quad (8.2)$$

其中 $Q = \text{diag}\{q_i\}$ 是半正定矩阵,$R = r$ 是正定矩阵,q_i, $r \in \mathcal{R}^+$,这样,最优化问题即为对非线性时滞系统式(8.1)设计性能指标式(8.2)下的最优控制问题。

第二节 delta 域最优减振控制

引理 8.1 考虑非线性状态方程序列

$$\Delta\psi_l(k) = H\psi_l(k) + \sum_{i=1}^{m} A_i \psi_{l-1}(k - \sigma_i) + Gu_l(k) + \sum_{j=1}^{n} B_j u_{l-1}(k - h_i) + f(\psi_l(k), k)$$

初始条件为

$$\psi_0(k) = \Psi(k, k_0)\phi(k_0), \quad k \geq k_0$$

$$u_0(k) = \beta(k), \quad k \geq k_0$$
$$\psi_l(k) = \phi(k), \quad k \in [k_0 - \sigma, k_0], \quad k = 0,1,2,\cdots$$
$$u_l(k) = \alpha(k), \quad k \in [k_0 - h, k_0], \quad k = 0,1,2,\cdots$$

相应的性能指标序列为 $J_l = \lim\limits_{N \to \infty} \dfrac{1}{N} \sum\limits_{k=0}^{N} [\psi_l^T(k) Q \psi_l(k) + u_l^T(k) R u_l(k)]$。这样，最优控制律唯一存在且为 $u_l(k) = -R^{-1} G^T (TH^T + I)^{-1} [(\Omega - TQ)\psi_l(k) + \rho_l(\psi_l(k), k)]$，其中 Ω 是 Riccati 方程 $(TH^T + I) \Omega (I + TGR^{-1} G^T \Omega)^{-1} (TH + I) + TQ = \Omega$ 的唯一正定解，$\rho_l(\cdot)$ 满足如下差分方程

$$\rho_l(\psi_l(k), k) = (TH^T + I)[I - T\Omega(I + TGR^{-1}G^T\Omega)^{-1} GR^{-1}G^T]\rho_l(\psi_l(k+1), k+1)$$
$$+ (TH^T + I)\Omega(I + TGR^{-1}G^T\Omega)^{-1} \xi_{l-1}(\psi_l(k), k)$$
$$\rho_l(\psi_l(k), \infty) = 0$$

其中 $\xi_{l-1}(\psi_l(k), k) = \sum\limits_{i=1}^{m} A_i \psi_{l-1}(k - \sigma_i) + \sum\limits_{j=1}^{n} B_j u_{l-1}(k - h_j) + f(\psi_l(k), k)$。

定理 8.1 考虑由非线性时滞系统式（8.1）和二次型性能指标式（8.2）描述的最优控制问题，最优控制律存在且唯一为

$$u^*(k) = -R^{-1} G^T (TH^T + I)^{-1} [(\Omega - TQ)\psi^*(k) + \rho(\psi^*(k), k)], \quad k \geq k_0$$

其中 Ω 为 Riccati 方程的唯一正定解，$\rho(\cdot)$ 满足差分方程

$$\rho(\psi^*(k), k) = (TH^T + I)[I - T\Omega(I + TGR^{-1}G^T\Omega)^{-1} GR^{-1}G^T]\rho(\psi^*(k+1), k+1)$$
$$+ (TH^T + I)\Omega(I + TGR^{-1}G^T\Omega)^{-1} \xi(\psi^*(k), k)$$
$$\rho(\psi^*(k), \infty) = 0$$

最优状态轨迹为

$$\psi^*(k+1) = (TH^T + I)[I - TGR^{-1}G^T\Omega(I + TGR^{-1}G^T\Omega)^{-1}]\psi^*(k)$$
$$- TGR^{-1}G^T(TH^T + I)^{-1}\rho(\chi^*(k), k) + T\xi(\chi^*(k), k)$$
$$\psi^*(t_k) = \phi(k), \quad k \in [k_0 - \sigma, k_0]$$
$$u^*(k) = \alpha(k), \quad k \in [k_0 - h, k_0]$$

注 8.1 注意到当 $T \to 0$ 时，Riccati 方程简化为连续时间域的 Riccati 方程；将矩阵 $TH + I$、TG 和 Ω/T 分别用矩阵 H、G 和 Ω 替代，则得到离散时间域的相应方程。闭环系统的结构图如图 8.1 所示。

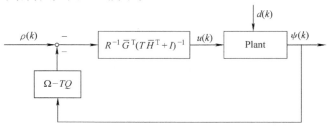

图 8.1 最优控制下的闭环系统结构图

第三节　在悬架系统的仿真

考虑具有非线性弹簧和 ECU – 驱动器时滞、传感器 – ECU 时滞的单轮悬架系统。悬架系统动态方程为

$$\begin{cases} m_s\ddot{\psi}_s(t) + b_s[\dot{\psi}_s(t) - \dot{\psi}_u(t)] + k_{1s}[\psi_s(t) - \psi_u(t)] + k_{2s}[\psi_s(t) - \psi_u(t)]^3 = u(t-\tau_{ca}) \\ -m_u\ddot{\psi}_u(t) + b_s[\dot{\psi}_s(t) - \dot{\psi}_u(t)] + k_{1s}[\psi_s(t) - \psi_u(t)] + k_{2s}[\psi_s(t) - \psi_u(t)]^3 \\ \quad - k_t[\psi_u(t) - \psi_r(t)] - b_t[\dot{\psi}_u(t) - \dot{\psi}_r(t)] = u(t-\tau_{ca}) \end{cases}$$

悬架系统的状态空间表达式为

$$\begin{aligned} \dot{\psi}(t) &= \overline{H}\psi(t) + \overline{g}u(t) + \overline{b}u(t-\tau_{ca}) + \overline{e}d(t) + \overline{f}(\psi(t)) \\ \zeta_m(t) &= C_1\psi(t-\tau_{sc}) \\ \zeta_c(t) &= C_2\psi(t) \end{aligned} \quad (8.3)$$

其中 $\zeta_m(t) = [\psi_1(t-\tau_{sc}), \psi_3(t-\tau_{sc})]^T$ 是测量输出，$\zeta_c(t) = [\dot{\psi}_3(t), \psi_1(t), \psi_2(t)]^T$ 是控制输出，τ_{sc} 是传感器 – ECU 时滞，$d(t)$ 是扰动输入，$\overline{f}(\psi) = [0, 0, -(k_{2s}/m_s)\psi_1^3, (k_{2s}/m_u)\psi_1^3]^T$ 是非线性向量函数，$\overline{H}$, C_1, C_2, $\overline{g}$, $\overline{b}$, e, $\overline{e}$ 为常量矩阵或向量且

$$\overline{H} = \begin{bmatrix} 0 & 0 & 1 & -1 \\ 0 & 0 & 0 & 1 \\ -k_{1s}/m_s & 0 & -b_s/m_s & b_s/m_s \\ k_{1s}/m_u & -k_t/m_u & b_s/m_u & -(b_t+b_s)/m_u \end{bmatrix}, \quad \overline{g} = \begin{bmatrix} 0 \\ 0 \\ 0 \\ -1/m_u \end{bmatrix}, \quad \overline{b} = \begin{bmatrix} 0 \\ 0 \\ 1/m_s \\ 0 \end{bmatrix}$$

$$\overline{e} = \begin{bmatrix} 0 \\ -1 \\ 0 \\ b_t/m_u \end{bmatrix}, \quad C_1 = \begin{bmatrix} 1 & 0 & 0 & 0 \\ 0 & 0 & 1 & 0 \end{bmatrix}, \quad C_2 = \begin{bmatrix} -k_{1s}/m_s & 0 & -b_s/m_s & b_s/m_s \\ 1 & 0 & 0 & 0 \\ 0 & 1 & 0 & 0 \end{bmatrix}$$

(8.4)

我们将式（8.3）转换为式（8.1）的 delta 域表达式，其中参数值取为[92]

$m_s:350\text{kg}, \quad m_u:59\text{kg}, \quad k_{1s}:14500\text{N/m}, \quad k_{2s}:160000\text{N/m}^3$

$k_t:190000\text{N/m}, \quad b_s:1100\text{N}\cdot\text{s/m}, \quad b_t:170\text{N}\cdot\text{s/m}$

利用 Matlab 程序可得到与式（8.4）相对应的矩阵

$$\overline{H} = \begin{bmatrix} 0 & 0 & 1 & -1 \\ 0 & 0 & 0 & 1 \\ -41.43 & 0 & -3.14 & 3.14 \\ 245.76 & -3220.34 & 18.64 & -21.53 \end{bmatrix}, \quad \overline{g} = \begin{bmatrix} 0 \\ 0 \\ 0 \\ -0.017 \end{bmatrix}, \quad \overline{b} = \begin{bmatrix} 0 \\ 0 \\ 0.003 \\ 0 \end{bmatrix}$$

$$\bar{e} = \begin{bmatrix} 0 \\ -1 \\ 0 \\ 2.88 \end{bmatrix}, \quad C_2 = \begin{bmatrix} -41.43 & 0 & -3.14 & 3.14 \\ 1 & 0 & 0 & 0 \\ 0 & 1 & 0 & 0 \end{bmatrix}, \quad \bar{f}(\psi) = \begin{bmatrix} 0 \\ 0 \\ -457.14\psi_1^3 \\ 2711.86\psi_1^3 \end{bmatrix}$$

这样，我们将连续时间系统转换为 delta 域系统：

$$\Delta\psi(k) = H\psi(k) + gu(k) + bu(k-h) + ed(k) + f(\psi(k), k)$$

取采样周期为 $T = 0.001\text{s}$，控制时滞为 $\tau_{ca} = 9\text{ms}$，选择 D 级路面工况，则相应的 delta 域矩阵为

$$H = \begin{bmatrix} -0.1 & 1.6 & 1 & -1 \\ 0.1 & -1.6 & 0 & 1 \\ -41 & -5 & -3.1 & 3.1 \\ 242.6 & -3184.1 & 18.5 & -23 \end{bmatrix}, \quad g = \begin{bmatrix} 0 \\ 0 \\ 0 \\ -0.0168 \end{bmatrix},$$

$$b = \begin{bmatrix} 0 \\ 0 \\ 0.0029 \\ 0 \end{bmatrix}, \quad e = \begin{bmatrix} -0.002 \\ -0.998 \\ 0.0062 \\ 4.4472 \end{bmatrix}$$

及 $f(\psi) = \bar{f}(\psi)$。

运用 Matlab 编程，我们从以下三方面进行仿真测试：①测试连续时间域、离散时间域、delta 域的闭环系统矩阵；②观察连续时间域、离散时间域、delta 域的状态轨迹。

情形 8.1 取不同的采样周期值 $T = 1\text{ms}$, 0.1ms, 0.01ms，则相应的闭环系统连续时间域矩阵 $\bar{H}$、离散时间域矩阵 H_q 和 delta 域矩阵如式（8.5）~式（8.8）所示。

1) 连续时间域闭环矩阵 $\bar{H}$ 为

$$\bar{H} = \begin{bmatrix} 0 & 0 & 1 & -1 \\ -0 & -0 & 0 & 1 \\ -41.4 & 0 & -3.1 & 3.1 \\ 245.8 & -3220.4 & 18.6 & -21.5 \end{bmatrix} \quad (8.5)$$

2) 取采样周期 $T = 1\text{ms}$ 时的离散时间域闭环矩阵和 delta 域闭环矩阵分别为

$$H_q = \begin{bmatrix} 0.9999 & 0.0016 & 0.0010 & -0.0010 \\ 0.0001 & 0.9984 & 0.0000 & 0.0010 \\ -0.0410 & -0.0050 & 0.9969 & 0.0031 \\ 0.2426 & -3.1841 & 0.0185 & 0.9770 \end{bmatrix} \quad (8.6\text{-}1)$$

$$H = \begin{bmatrix} -0.1 & 1.6 & 1 & -1 \\ 0.1 & -1.6 & 0 & 1 \\ -41 & -5 & -3.1 & 3.1 \\ 242.6 & -3184.1 & 18.5 & -23 \end{bmatrix} \quad (8.6\text{-}2)$$

3）取采样周期 $T = 0.1 \text{ms}$ 时的离散时间域闭环矩阵和 delta 域闭环矩阵分别为

$$H_q = \begin{bmatrix} 1.0000 & 0.0000 & 0.0001 & -0.0001 \\ 0.0000 & 1.0000 & 0.0000 & 0.0001 \\ -0.0041 & -0.0001 & 0.9997 & 0.0003 \\ 0.0245 & -0.3217 & 0.0019 & 0.9978 \end{bmatrix} \quad (8.7\text{-}1)$$

$$H = \begin{bmatrix} -0 & 0.2 & 1 & -1 \\ 0 & -0.2 & 0 & 1 \\ -41.4 & -0.5 & -3.1 & 3.1 \\ 245.5 & -3216.9 & 18.6 & -21.7 \end{bmatrix} \quad (8.7\text{-}2)$$

4）取采样周期 $T = 0.01 \text{ms}$ 时的离散时间域闭环矩阵和 delta 域闭环矩阵分别为

$$H_q = \begin{bmatrix} 1.0000 & 0.0000 & 0.0000 & -0.0000 \\ 0.0000 & 1.0000 & 0.0000 & 0.0000 \\ -0.0004 & -0.0000 & 1.0000 & 0.0000 \\ 0.0025 & -0.0322 & 0.0002 & 0.9998 \end{bmatrix} \quad (8.8\text{-}1)$$

$$H = \begin{bmatrix} -0 & 0 & 1 & -1 \\ 0 & -0 & 0 & 1 \\ -41.4 & -0 & -3.1 & 3.1 \\ 245.7 & -3220 & 18.6 & -21.5 \end{bmatrix} \quad (8.8\text{-}2)$$

从式（8.5）~式（8.8）可以看出，离散时间域矩阵式（8.6-1）、式（8.7-1）和式（8.8-1）随着采样周期的减小而逐渐趋近于单位矩阵；而 delta 域矩阵式（8.6-2）、式（8.7-2）和式（8.8-2）则随着采样周期的减小而逐渐趋近于原连续时间矩阵式（8.5）。很显然，delta 域矩阵使得闭环矩阵更加接近于原连续时间系统，这说明了 delta 算子方法更适合于高采样频率的系统建模。

情形 8.2 取采样周期 $T = 0.001\text{s}$，运用本文方法分别设计连续时间最优控制律（CT）、离散时间最优控制律（DT）和 delta 域最优控制律（DD），性能指标中取 $r = q_1 = q_2 = q_3 = 1$。簧载质量加速度、悬架动挠度、轮胎动行程的状态轨迹如图 8.2 所示，从中我们能够观察到 delta 域的状态轨迹较离散时间域的状态轨迹更加接近于连续时间域的状态轨迹。

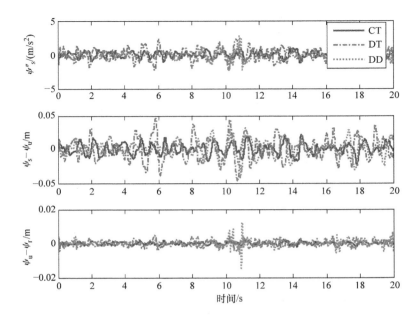

图 8.2 连续系统、离散系统、delta 采样系统悬架响应

第 9 章

输入-状态采样反馈控制

第一节 状态反馈控制下的连续时间系统

考虑一个连续时间非线性系统

$$\dot{\chi}(t) = F_1(\chi(t), u(t), w(t)) \tag{9.1}$$
$$y(t) = h(\chi(t))$$

其中,$\chi \in \mathbb{R}^n$ 为状态,$u \in \mathbb{R}^{m_1}$ 为控制输入,$w \in \mathbb{R}^{m_2}$ 为外部扰动,$y \in \mathbb{R}^p$ 为可测输出。函数 F_1 和 h 在其定义域内局部 Lipschitz 且 $F_1(0,0,0) = 0$ 和 $h(0) = 0$。考虑状态反馈控制器

$$u(t) = \gamma(\chi(t)) \tag{9.2}$$

其中 γ 为其定义域内局部 Lipschitz 且 $\gamma(0) = 0$。将状态反馈式(9.2)代入式(9.1)则得到连续时间闭环系统

$$\dot{\chi}(t) = F_1(\chi(t), \gamma(\chi(t)), w(t)) =: f(\chi(t), w(t)) \tag{9.3}$$

初始条件为 $\chi(t_0)$。系统式(9.3)满足假设 9.1 的条件。

假设 9.1 系统式(9.3)在 $\mathbb{X} \times \mathbb{W}$ 内区域输入-状态稳定(regionally input-to-state stable, RISS),其中 $\mathbb{X} \subset \mathbb{R}^n$ 和 $\mathbb{W} \subset \mathbb{R}^{m_2}$ 为包含原点的有界集。

我们介绍如下引理 9.1,其包括了连续系统域输入-状态稳定性的等价特性。

引理 9.1 以下对于连续系统式(9.3)为等价的特性:

(i) 它是域输入-状态稳定的。

(ii) 存在 $\beta \in \mathcal{KL}$ 和 $\rho_1 \in \mathcal{K}$,使得对任意 $\chi(t_0) \in \mathbb{X}$ 和 $w(t) \in \mathbb{W}$(其中 $\mathbb{X} \subset \mathbb{R}^n$ 和 $\mathbb{W} \subset \mathbb{R}^{m_2}$ 为包含原点的有界集),解 $\chi(t)$ 属于 $\mathbb{X}$ 且满足

$$\|\chi(t)\| \leq \max\{\beta(\|\chi(t_0)\|, t - t_0), \rho_1(\|w\|_\infty)\}, \quad \forall t \geq t_0$$

(iii) 存在一个 RISS – Lyapunov 函数 $V(\chi)$ 和 $\alpha_i, \rho_2 \in \mathcal{K}$ ($i = 1, 2, 3$),使得对 $\chi \in \mathbb{X}$ 和 $w \in \mathbb{W}$ 有

$$\alpha_1(\|\chi\|) \leq V(\chi) \leq \alpha_2(\|\chi\|)$$

$$\frac{\partial V}{\partial \chi} f(\chi, w) \leq -\alpha_3(\|\chi\|) + \rho_2(\|w\|_\infty)$$

(iv) 存在一个 RISS – Lyapunov 函数 $V(\chi)$,$\alpha_i \in \mathcal{K}$ ($i = 1, 2, 3$),$\rho_3 \in \mathcal{K}$,使

得对 $\chi \in \mathbb{X}$ 和 $w \in \mathbb{W}$ 有

$$\alpha_1(\|\chi\|) \leq V(\chi) \leq \alpha_2(\|\chi\|)$$

$$\frac{\partial V}{\partial \chi} f(\chi, w) \leq -\alpha_3(\|\chi\|), \quad \forall \chi \geq \rho_3(\|w\|_\infty)$$

注 9.1 系统式（9.3）全局 ISS 与引理 9.1 类似，除了用 $\mathbb{X} = \mathbb{R}^n$ 和 $\mathbb{W} = \mathbb{R}^{m_2}$ 且用 $\alpha_i \in \mathcal{K}_\infty$ 替换 $\alpha_i \in \mathcal{K}$ $(i = 1, 2, 3)$。

第二节　采样状态反馈控制下的采样闭环系统

考虑由连续系统式（9.1）、数字控制器、采样器、零阶保持器（ZOH）组成的采样系统，其中控制力 u 在采样时刻（等间距）之间保持不变。令 T 为采样周期，在第 k 个采样时刻的状态信号为 $\chi(k)$、控制信号为 $u(k)$、扰动信号为 $w(k)$，以此类推。这样，控制器式（9.2）的采样控制为

$$u(k) = \gamma(\chi(k)), \quad \forall k \in \mathbb{Z}_+ \tag{9.4}$$

在采样控制器式（9.2）作用下的相应于系统式（9.1）的采样系统为

$$\begin{aligned}\dot{\chi}(t) &= F_1(\chi(t), u(t), w(t)) \\ y(t) &= h(\chi(t)), \quad \forall t \geq t_0 \\ u(t) &= u(k), \quad \forall t \in [kT, (k+1)T]\end{aligned} \tag{9.5}$$

采样系统式（9.5）的闭环系统可描述为

$$\dot{\chi}(t) = F_1(\chi(t), \gamma(\chi(k)), w(t)) =: F_2(\chi(t), \chi(k), w(t)) \tag{9.6}$$

其中 $\forall t \in [kT, (k+1)T]$，$k \in \mathbb{Z}_+$。

注 9.2 在采样时刻 $t = kT$，$\forall k \in \mathbb{Z}_+$，连续闭环系统式（9.3）和采样闭环系统式（9.6）之间有如下关系：

$$F_1(\chi(k), \gamma(\chi(k)), w(k)) = F_2(\chi(k), \chi(k), w(k)) = f(\chi(k), w(k))$$

注 9.3 局部 Lipschitz 函数 F_1、h、γ、f、F_2 将分别在 $\mathbb{X}$ 的任一紧子集仍然 Lipschitz 且具有同样的 Lipschitz 常数。

采样系统式（9.6）的解由两部分表示，即在采样周期之间的连续时间部分（CT）和在采样时刻的离散时间部分（DT）：

(i) CT: $\chi(t) = \chi(k) + \int_{kT}^{t} F_2(\chi(\tau), \chi(k), w(\tau)) d\tau$，$\forall t \in [kT, (k+1)T]$，$k \in \mathbb{Z}_+$ \hfill (9.7-1)

(ii) DT: $\chi(k+1) = \chi(k) + \int_{kT}^{(k+1)T} F_2(\chi(\tau), \chi(k), w(\tau)) d\tau$，$\forall k \in \mathbb{Z}_+$ \hfill (9.7-2)

通过进一步推导，我们可以将采样闭环系统式（9.7）表示为更为方便于后续推导的形式：

(i) CT: $\chi(t) = \chi(k) + \int_{kT}^{t} F_2(\chi(\tau), \chi(k), w(\tau)) d\tau$, $\forall t \in [kT, (k+1)T]$, $k \in \mathbb{Z}_+$
(9.8-1)

(ii) DT: $\chi(k+1) = \chi(k) + TF_2(\chi(k), \chi(k), w(k)) + T^2 \Theta(\chi(k), w(k), T)$, $\forall k \in \mathbb{Z}_+$
(9.8-2)

其中 Θ 在其定义域内局部 Lipschitz。

第三节　采样状态反馈控制的性能恢复特性

为了得到引理 9.2 和引理 9.3，我们需要首先建立离散系统区域输入－状态稳定的定义，然后给出采样系统一致区域输入－状态稳定性（uniformly regionally input-to-state stabile, URISS）的定义和判据，即定义 9.2 和引理 9.2。

定义 9.1（离散系统一致区域输入－状态稳定性）　已知 $\widehat{\mathbb{X}} \subset \mathbb{R}^n$ 和 $\widehat{\mathbb{W}} \subset \mathbb{R}^{m_2}$ 为包含原点的有界集。离散系统为 $\widehat{\mathbb{X}} \times \widehat{\mathbb{W}}$ 的区域一致输入－状态稳定，如果存在 $\hat{\beta} \in \mathcal{KL}$ 和 $\hat{\rho} \in \mathcal{K}$，使得对任意 $\chi(k_0) \in \widehat{\mathbb{X}}$ 和输入 $w(k) \in \widehat{\mathbb{W}}$，解 $\chi(k)$ 属于 $\widehat{\mathbb{X}}$ 且满足

$$\|\chi(k)\| \leq \max\{\hat{\beta}(\|\chi(k_0)\|, k - k_0), \hat{\rho}(\|w\|_\infty)\}, \quad \forall k \geq k_0$$

定义 9.2（采样区域一致输入－状态稳定（URISS））　已知 $\overline{\mathbb{X}} \subset \mathbb{R}^n$ 和 $\overline{\mathbb{W}} \subset \mathbb{R}^{m_2}$ 为包含原点的有界集。采样系统式（9.4）和式（9.5）在 $\overline{\mathbb{X}} \times \overline{\mathbb{W}}$ 为域一致输入－状态稳定的，如果存在 $\overline{\beta} \in \mathcal{KL}$ 和 $\overline{\rho} \in \mathcal{K}$，使得对任意的 $\chi(t_0) \in \overline{\mathbb{X}}$ 和输入 $w(t) \in \overline{\mathbb{W}}$，解 $\chi(t)$ 属于 $\overline{\mathbb{X}}$ 且满足

$$\|\chi(t)\| \leq \max\{\overline{\beta}(\|\chi(t_0)\|, t - t_0), \overline{\rho}(\|w\|_\infty)\}, \quad \forall t \geq t_0$$

注 9.4　当 $\overline{\mathbb{X}} = \mathbb{R}^n$、$\overline{\mathbb{W}} = \mathbb{R}^{m_2}$ 时，若满足定义 9.2，则称采样系统式（9.4）和式（9.5）一致全局输入－状态稳定（UISS）。

引理 9.2（采样区域一致输入－状态稳定）　在采样状态反馈式（9.4）作用下的采样系统式（9.5）为区域一致输入－状态稳定，当且仅当存在有界集 $\overline{\mathbb{X}} \subset \mathbb{R}^n$ 和 $\overline{\mathbb{W}} \subset \mathbb{R}^{m_2}$ 以及函数 $\overline{\beta} \in \mathcal{KL}$ 和 $\overline{\rho}$、$\overline{\rho}_1$、$\overline{\rho}_2 \in \mathcal{K}$，使得下述区域一致输入－状态稳定条件和采样周期 T 上的一致有界（uniformly bounded over T, UBT）条件成立：

(i) DT – URISS: 已知 $\chi(k_0) \in \overline{\mathbb{X}}$ 和 $w(k) \in \overline{\mathbb{W}}$，则 $\chi(k) \in \overline{\mathbb{X}}$ 且

$$\|\chi(k)\| \leq \max\{\overline{\beta}(\|\chi(k_0)\|, k - k_0), \overline{\rho}(\|w\|_\infty)\}, \quad \forall k \geq k_0 \geq 0$$

(ii) CT – UBT: 给定任意 $t_0 \geq 0$，如果 $\chi(t_0) \in \overline{\mathbb{X}}$ 和 $w(t) \in \overline{\mathbb{W}}$，则

$$\|\chi(t)\| \leq \overline{\rho}_1(\|\chi(t_0)\|) + \overline{\rho}_2(\|w\|_\infty) \quad \forall t \in [t_0, t_0 + T]$$

引理 9.2 的证明可见参考文献［23］中定理 5 关于局部一致输入－状态稳定

的证明。

注9.5 采样系统全局 UISS 的结果与引理 9.2 相似，除了 $\bar{\rho}$、$\bar{\rho}_1$、$\bar{\rho}_2 \in \mathcal{K}_\infty$，$\mathbb{X} = \mathbb{R}^n$ 和 $\mathbb{W} = \mathbb{R}^{m_2}$。

以下定理9.1和定理9.2揭示了采样状态反馈控制器式（9.4）能够恢复连续时间状态反馈控制律式（9.2）作用下的性能，换言之，当采样周期足够小的时候，采样闭环系统式（9.4）和式（9.5）与连续系统式（9.3）一样为区域一致输入-状态，并且，采样闭环系统的状态轨迹将在有限时间内收敛于连续闭环系统的状态轨迹。首先，定理9.1揭示了第一个特性：性能恢复性（performance-recovery property）。

定理9.1 考虑采样状态反馈控制器式（9.4）作用下的采样系统式（9.5），且假设9.1成立，则采样系统是区域一致输入-状态稳定的。

定理9.2揭示了第二个特性：状态轨迹的收敛性。

定理9.2 考虑状态反馈控制器式（9.2）作用下的连续系统式（9.1），且假设9.1成立，设 $\chi(t)$ 为起始于 $\mathbb{X}$ 的采样闭环系统式（9.8）的解，$\chi_c(t)$ 为连续闭环系统式（9.8）且初始值为 $\chi(t_0)$ 的解，则对于任意的 $\mu > 0$，存在一个依赖于 μ 的 $t_1^* \geq 0$，使得对 $0 \leq t \leq t_1^*$，$\chi(t)$ 满足

$$\|\chi(t) - \chi_c(t)\| \leq \mu$$

注9.6 我们可以通过令 $t_1^* = \min\{t_1, t_2\}$ 来决定 t_1^*，其中 t_1 为状态反馈控制律作用下的状态进入集合 Ω 时的时刻，$t_2 = k_1 T$ 为采样状态反馈控制律作用下的采样系统的状态进入集合 Ω 时的时刻。

第四节　采样输出反馈控制

不失一般性，这里我们采用一个采样系统普遍采用的离散时间观测器：

$$\hat{\chi}(k+1) = G_1(\hat{\chi}(k), u(k)) \tag{9.9}$$

其中 G_1 在其定义域内局部 Lipschitz。对应于状态反馈控制律式（9.2）的采样输出反馈控制律为

$$u(t) = u(k) = \gamma(\hat{\chi}(k)), \quad \forall t = [kT, (k+1)T] \tag{9.10}$$

其中，$k \in \mathbb{Z}_+$，$\hat{\chi}(k)$ 为观测器式（9.9）产生的观测器状态。令估计误差为 $\tilde{\chi}(k) = \chi(k) - \hat{\chi}(k)$，则估计误差方程为

$$\tilde{\chi}(k+1) = G_2(\chi(k), \tilde{\chi}(k), w(k), T) \tag{9.11}$$

其中 G_2 在其定义域内局部 Lipschitz。方程（9.11）满足如下假设：

假设9.2 观测器式（9.9）的估计误差对于扰动 w 为输入-状态稳定的。

注9.7 通常情况下，离散时间观测器都能满足假设9.2。

注9.8 当观测器式（9.9）为精确模型或者为近似模型时估计误差式（9.11）都满足 $\tilde{\chi}(k) = O(T)$。

注 9.9 为了在使用有些观测器时克服峰化现象,例如死区观测器、高增益观测器,我们可以通过在定义域紧集外将 γ 饱和使之全局有界而得到。

这样,输出状态反馈控制下的组合采样闭环系统的表达式为:

(i) $\mathrm{CT}: \chi(t) = \chi(k) + \int_{kT}^{t} F_2(\chi(\tau), \hat{\chi}(k), w(\tau)) \mathrm{d}\tau, \quad \forall t \in [kT, (k+1)T]$,
$k \in \mathbb{Z}_+$ (9.12-1)

(ii) $\mathrm{DT}: \begin{cases} \chi(k+1) = x(k) + TF_3(\chi(k), \widetilde{\chi}(k), w(k)) + T^2 \overline{\Theta}(\chi(k), \widetilde{\chi}(k), w(k), T) & (9.12\text{-}2) \\ \widetilde{\chi}(k+1) = G_2(\chi(k), \widetilde{\chi}(k), w(k), T), \quad \forall k \in \mathbb{Z}_+ & (9.12\text{-}3) \end{cases}$

其中 F_3、$\overline{\Theta}$ 为局部 Lipschitz 函数。注意到式(9.12)的离散时间部分由两个方程组成:式(9.12-2)和式(9.12-3)。根据引理 9.2,为了证明闭环系统式(9.12)的输入-状态稳定性,我们需要证明在采样周期内连续时间部分是一致有界的和离散时间部分是一致区域输入-状态稳定的。前者的证明类似于状态反馈控制律下闭环系统连续时间部分输入-状态稳定性的证明,后者的证明需要证明组合子系统式(9.12-2)和式(9.12-3)是一致区域输入-状态稳定的,其需要定义 9.1 和引理 9.3。

引理 9.3(联立离散时间系统一致区域输入-状态稳定性) 考虑联立系统:

$$\chi(k+1) = f_1(\chi(k), \widetilde{\chi}(k), w_1(k))$$
$$\widetilde{\chi}(k+1) = f_2(\chi(k), \widetilde{\chi}(k), w_2(k))$$

其中,$\chi \in \mathbb{X} \subset \mathbb{R}^n$, $\widetilde{\chi} \in \widetilde{\mathbb{X}} \subset \mathbb{R}^{\widetilde{n}}$, $w_1 \in \mathbb{W}_1 \subset \mathbb{R}^{m_1}$, $w_2 \in \mathbb{W}_2 \subset \mathbb{R}^{m_2}$,且 $\mathbb{X}$、$\widetilde{\mathbb{X}}$、$\mathbb{W}_1$、$\mathbb{W}_2$ 为有界集,函数 f_1、f_2 在其定义域内是连续的。假设对 $(\chi(k_0), \widetilde{\chi}(k_0)) \in \mathbb{X} \times \widetilde{\mathbb{X}}$ 和 $(w_1, w_2) \in \mathbb{W}_1 \times \mathbb{W}_1$ 子系统为一致区域输入-状态稳定的,则 $(\chi(k), \widetilde{\chi}(k)) \in \mathbb{X} \times \widetilde{\mathbb{X}}$ 且满足

$$\|\chi(k)\| \leq \max\{\beta_1(\|\chi(k_0)\|, k - k_0), \sigma_1^s(\|\widetilde{\chi}\|), \sigma_1^d(\|w_1\|_\infty)\},$$
$$\|\widetilde{\chi}(k)\| \leq \max\{\beta_2(\|\widetilde{\chi}(k_0)\|, k - k_0), \sigma_2^s(\|\chi\|), \sigma_2^d(\|w_2\|_\infty)\}, \quad \forall k \geq k_0$$

其中 β_1、$\beta_2 \in \mathcal{KL}$ 且 $\sigma_i^j \in \mathcal{K}(i = 1, 2; j = s, d)$。这样,组合系统对于 (w_1, w_2) 是一致区域输入-状态稳定的。

从而,利用引理 9.2 和引理 9.3 可以证明采样闭环系统式(9.12)能够恢复连续闭环系统式(9.3)的性能,即其为一致区域输入-状态稳定的且其状态轨迹收敛于连续闭环系统的状态轨迹。

定理 9.3 考虑采样输入反馈控制律式(9.10)和观测器式(9.9)作用下的采样闭环系统式(9.12),假设 9.1 和假设 9.2 成立,则

(i) 采样系统式(9.12)为一致区域输入-状态稳定的。

(ii) 设 $\chi(t)$ 为采样闭环系统式(9.12)起始于 $\mathbb{X}$ 的解,$\chi_c(t)$ 为初始值为 $\chi(t_0)$ 的连续闭环系统式(9.3)的解,这样,给定任意的 $\mu > 0$,存在一个依赖于 μ

的 $t_2^* \geq 0$，使得对于所有的 $0 \leq t \leq t_2^*$，$\chi(t)$ 满足 $\|\chi(t) - \chi_c(t)\| \leq \mu$。

注 9.10 我们可以通过令 $t_2^* = \min\{t_1, t_3\}$ 来决定 t_2^*，其中 t_1 是状态反馈控制下的连续系统的状态轨迹进入集合 Ω 时的时刻，$t_3 = k_2 T$ 为采样输出反馈控制器作用下的状态轨迹进入集合 Ω 时的时刻，k_2 的获得与获得 k_1 的步骤类似。

注 9.11 在扰动 w 被完全抑制掉的情况下，定理 9.2 中的时刻 t_1^* 与定理 9.3（ii）中的时刻 t_2^* 可以无限大，换言之，在利用增益参数镇定控制的同时还有其他的参数与扰动相关致使紧集 Ω 可以任意小（例如，利用内模技术）。

在以下仿真实验中，仿真 9.1 比较了本方法与对离散近似法设计的离散状态反馈控制器二者之间的优劣性；仿真 9.2 运用本书的方法，利用高增益观测器设计了采样输出反馈控制器，以验证该方法在设计复杂控制器方面的优势。

第五节 仿真示例

考虑如下连续系统：$\dot{x}(t) = x^3(t) + u(t) + w(t)$，其中 w 是频率为 $1\mathrm{rad/s}$、振幅为 1、相位为 0、偏差为 0 的正弦扰动。设计状态反馈控制器为

$$u(t) = -M \operatorname{sat}\left[\frac{x(t) + x^3(t)}{M}\right] \tag{9.13}$$

其输入-状态镇定原点且 $x(0) = 0.2$、$M = 2$。构造死区观测器 $\hat{x}(k) = y(k)$，$\hat{x}(0) = 0$，设计采样输出反馈控制律为

$$u(k) = -M \operatorname{sat}\left[\frac{\hat{x}(k) + \hat{x}^3(k)}{M}\right] \tag{9.14}$$

下面我们观察控制器式（9.14）和离散近似法设计的离散状态反馈控制器的不同性。离散近似系统模型为 $x(k+1) = x(k) + T[x^3(k) + u(k)] + \int_{kT}^{(k+1)T} w(\tau)\mathrm{d}\tau$，在此基础上设计的离散状态反馈控制器为[156]

$$u_T^1(k) = -x(k) - x^3(k) - Tx(k) \tag{9.15-1}$$

$$u_T^2(k) = -\frac{1}{2T}[x(k) + 2Tx^3(k) - \sqrt{1-4Tx(k)}] \tag{9.15-2}$$

图 9.1 和图 9.2 显示了分别运用采样输出反馈控制器（OFC）式（9.14）和离散控制器式（9.15）时状态 x 与连续状态反馈控制器式（9.13）时状态 x 的误差，采样周期取 $T = 0.01, 0.1, 0.3$。图 9.1 显示离散状态反馈控制器作用下的误差明显大于采样输出反馈控制器作用下的误差，并且，图 9.2 显示，对于控制器式（9.14）和式（9.15-1），采样周期越短，其状态与连续系统的状态的误差越小，但是对于控制器式（9.15-2）则相反。

通过本例我们可以看到，近似离散方法的缺点除了性能不如本书设计的采样反馈控制器外，其缺点还在于对于控制器的设计方法没有统一的规则，这也加剧了运用

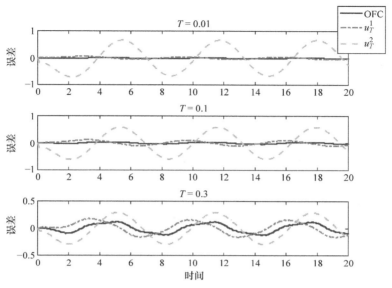

图 9.1 $T = 0.01, 0.1, 0.3$ 时三个不同控制器下的状态误差

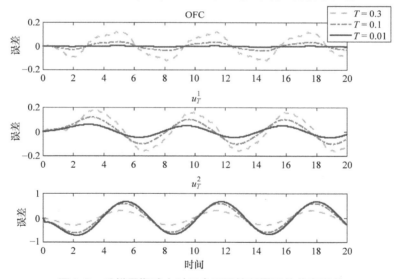

图 9.2 采样周期减小时三个不同控制器下的状态误差

近似离散方法来设计控制器的难度。相反,本书提供的方法是在针对原连续系统设计控制器的基础上而设计的,由于对连续系统设计控制器的方法早已非常成熟,可选择的方法很多,因而本书方法的优越性显而易见。实际上,类似近似离散方法的这种自组织采样控制器的重设计过程(Ad – hoc procedure of sampled – data redesign)早在以往文献中就被讨论过,文献指出造成该方法此缺点的主要原因是由于建立的采样模型相比较于原连续系统模型在建模过程中逐渐缺失了其原有的几何特性,使之没有得到保留。

第10章

非线性悬架基于扩展高增益观测器的输出反馈控制

第一节 系统描述

考虑一个非线性四分之一汽车悬架模型,其动力学方程为

$$m_s \ddot{x}_s + b_s(\dot{x}_s - \dot{x}_u) + k_{1s}(x_s - x_u) + k_{2s}(x_s - x_u)^3 - u = 0$$
$$m_u \ddot{x}_u - b_s(\dot{x}_s - \dot{x}_u) - k_{1s}(x_s - x_u) - k_{2s}(x_s - x_u)^3 + k_t(x_u - x_r) + b_t(\dot{x}_u - \dot{x}_r) + u = 0$$
(10.1)

式中,$x_s(t)$ 和 $x_u(t)$ 分别为簧载和非簧载的相对位移;$x_r(t)$ 为路面位移输入;$u(t)$ 为主动悬架控制力;k_{1s} 是线性悬架刚度系数;k_{2s} 为非线性悬架刚度系数;m_s 为簧载车身质量;m_u 为轮胎质量;b_s 为悬架阻尼系数;k_t,b_t 分别为轮胎的刚度和阻尼系数。令

$$x_1 = x_s - x_u,\ x_2 = x_u - x_r,\ x_3 = \dot{x}_s,\ x_4 = \dot{x}_u,\ w = \dot{x}_r \quad (10.2)$$

式中,$x_1(t)$ 为悬架动挠度;$x_2(t)$ 为轮胎动变形;$x_3(t)$ 为车身速度;$x_4(t)$ 车轮速度;$w \in \mathbb{W}$,是路面位移 x_r 对时间的导数,$\mathbb{W}$ 为有界集。这样,系统式(10.1)转换为关于式(10.2)的状态的方程

$$\begin{cases} \dot{x}_1 = x_3 - x_4 \\ \dot{x}_2 = x_4 - w \\ \dot{x}_3 = -\dfrac{k_{1s}}{m_s}x_1 - \dfrac{b_s}{m_s}x_3 + \dfrac{b_s}{m_s}x_4 - \dfrac{k_{2s}}{m_s}x_1^3 + \dfrac{1}{m_s}u \\ \dot{x}_4 = \dfrac{k_{1s}}{m_u}x_1 - \dfrac{k_t}{m_u}x_2 + \dfrac{b_s}{m_u}x_3 - \dfrac{b_t+b_s}{m_u}x_4 + \dfrac{k_{2s}}{m_u}x_1^3 + \dfrac{b_t}{m_u}w - \dfrac{1}{m_u}u \\ y = x_1 \end{cases} \quad (10.3)$$

$y(t)$ 是输出向量,可以用超声波或雷达传感器测量得到。系统式(10.3)的状态空间表达式为

$$\begin{bmatrix} \dot{x}_1 \\ \dot{x}_2 \\ \dot{x}_3 \\ \dot{x}_4 \end{bmatrix} = \begin{bmatrix} 0 & 0 & 1 & -1 \\ 0 & 0 & 0 & 1 \\ -\dfrac{k_{1s}}{m_s} & 0 & -\dfrac{b_s}{m_s} & \dfrac{b_s}{m_s} \\ \dfrac{k_{1s}}{m_u} & -\dfrac{k_t}{m_u} & \dfrac{b_s}{m_u} & -\dfrac{b_t+b_s}{m_u} \end{bmatrix} \begin{bmatrix} x_1 \\ x_2 \\ x_3 \\ x_4 \end{bmatrix} + \begin{bmatrix} 0 \\ -1 \\ 0 \\ \dfrac{b_t}{m_u} \end{bmatrix} w + \begin{bmatrix} 0 \\ 0 \\ \dfrac{1}{m_s} \\ -\dfrac{1}{m_u} \end{bmatrix} u + \begin{bmatrix} 0 \\ 0 \\ -\dfrac{k_{2s}}{m_s} x_1^3 \\ \dfrac{k_{2s}}{m_u} x_1^3 \end{bmatrix}$$

$$y = \begin{bmatrix} 1 & 0 & 0 & 0 \end{bmatrix} x$$

(10.4)

系统的相对阶为 2[149]。定义新变量

$$\begin{cases} \eta_1 = m_s x_3 + m_u x_4 \\ \eta_2 = x_2 \\ \xi_1 = x_1 \\ \xi_2 = x_3 - x_4 \end{cases}$$

(10.5)

系统式（10.4）转换为标准型[169]：

$$\begin{cases} \dot{\eta}_1 = -\dfrac{b_t}{m_s + m_u} \eta_1 - k_t \eta_2 + \dfrac{b_t m_s}{m_s + m_u} \xi_2 + b_t w \\ \dot{\eta}_2 = \dfrac{1}{m_s + m_u} \eta_1 - \dfrac{m_s}{m_s + m_u} \xi_2 - w \end{cases}$$

(10.6-1)

$$\begin{cases} \dot{\xi}_1 = \xi_2 \\ \dot{\xi}_2 = -k_{1s}\left(\dfrac{1}{m_s}+\dfrac{1}{m_u}\right)\xi_1 - \left[b_s\left(\dfrac{1}{m_s}+\dfrac{1}{m_u}\right)+\dfrac{b_t m_s}{m_u(m_s+m_u)}\right]\xi_2 + \dfrac{b_t}{m_u(m_s+m_u)}\eta_1 \\ \qquad + \dfrac{k_t}{m_u}\eta_2 - k_{2s}\left(\dfrac{1}{m_s}+\dfrac{1}{m_u}\right)\xi_1^3 - \dfrac{b_t}{m_u}w + \left(\dfrac{1}{m_s}+\dfrac{1}{m_u}\right)u \end{cases}$$

(10.6-2)

其中 η - 子系统为内部动态，ξ - 子系统为外部动态。令 $\eta = \begin{bmatrix} \eta_1 & \eta_2 \end{bmatrix}^T$ 和 $\xi = \begin{bmatrix} \xi_1 & \xi_2 \end{bmatrix}^T$。标准型式（10.6）的简洁形式为

$$\begin{cases} \dot{\eta} = G(\eta,\xi,w) \\ \dot{\xi} = A\xi + B[b(\eta,\xi,w) + au] \end{cases}$$

(10.7)

其中

$$G(\eta,\xi,w) = \begin{bmatrix} -\dfrac{b_t}{m_s+m_u}\eta_1 - k_t\eta_2 + \dfrac{b_t m_s}{m_s+m_u}\xi_2 + b_t w \\ \dfrac{1}{m_s+m_u}\eta_1 - \dfrac{m_s}{m_s+m_u}\xi_s - w \end{bmatrix},\ A = \begin{bmatrix} 0 & 1 \\ 0 & 0 \end{bmatrix},\ B = \begin{bmatrix} 0 \\ 1 \end{bmatrix},$$

$$b(\eta,\xi,w) = -k_{1s}\left(\dfrac{1}{m_s}+\dfrac{1}{m_u}\right)\xi_1 - \left[b_s\left(\dfrac{1}{m_s}+\dfrac{1}{m_u}\right)+\dfrac{b_t m_s}{m_u(m_s+m_u)}\right]\xi_2 + \dfrac{b_t}{m_u(m_s+m_u)}\eta_1$$

$$+ \dfrac{k_t}{m_u}\eta_2 - k_{2s}\left(\dfrac{1}{m_s}+\dfrac{1}{m_u}\right)\xi_1^3 - \dfrac{b_t}{m_u}w,\ a = \dfrac{1}{m_s}+\dfrac{1}{m_u}$$

(10.8)

以下将利用系统这种形式进行推导。

在后面的章节里,我们将设计一个状态反馈控制和一个基于扩展高增益观测器的输出反馈控制,及其相关的仿真示例。

第二节　状态反馈控制

设计一个反馈线性化控制的状态反馈控制

$$u = \frac{-b(\eta,\xi,w) - k_1\xi_1 - k_2\xi_2}{a}$$

$$= \frac{1}{\frac{1}{m_s} + \frac{1}{m_u}} \left\{ k_{1s}\left(\frac{1}{m_s} + \frac{1}{m_u}\right)\xi_1 + \left[b_s\left(\frac{1}{m_s} + \frac{1}{m_u}\right) + \frac{b_t m_s}{m_u(m_s + m_u)}\right]\xi_2 \right.$$

$$\left. -\frac{b_t}{m_u(m_s + m_u)}\eta_1 - \frac{k_t}{m_u}\eta_2 + k_{2s}\left(\frac{1}{m_s} + \frac{1}{m_u}\right)\xi_1^3 + \frac{b_t}{m_u}w - k_1\xi_1 - k_2\xi_2 \right\}$$

(10.9)

闭环系统表示为

$$\dot{\chi} = \Gamma(\chi, w) \quad (10.10)$$

其中

$$\chi = \begin{bmatrix} \eta \\ \xi \end{bmatrix}, \quad \Gamma(\chi, w) = \begin{bmatrix} G(\eta, \xi, w) \\ (A - BK)\xi \end{bmatrix}$$

且 $K = [k_1 \quad k_2]$、其保证了矩阵 $A - BK$ 为 Hurwitz。

由于输出状态反馈控制系统下的闭环系统可以看作状态反馈控制下闭环系统的扰动,即式(10.10),故在设计输出反馈控制之前我们需要知道式(10.10)的稳定性。系统式(10.10)具有以下两个事实:

事实 10.1　当持续扰动 $w \neq 0$ 时,例如扰动为一正弦信号,则式(10.10)的零动态为

$$\begin{cases} \dot{\eta}_1 = -\frac{b_t}{m_s + m_u}\eta_1 - k_t\eta_2 + b_t w \\ \dot{\eta}_2 = \frac{1}{m_s + m_u}\eta_1 - w \end{cases} \quad (10.11)$$

即 $\dot{\eta} = G(\eta, 0, w)$,式(10.11)是 $\mathbb{X}_\eta \times \mathbb{W}$ 的区域输入-状态稳定,其中 $\mathbb{X}_\eta$ 和 $\mathbb{W}$ 是包含原点的有界集。这样,闭环系统式(10.10)即为 $\mathbb{X} \times \mathbb{W}$ 的区域输入-状态稳定,其中 $\mathbb{X} = \mathbb{X}_\eta \times \mathbb{X}_\xi$,$\mathbb{X}_\xi$ 是包含原点的有界集。

根据文献[169]中的关于区域输入-状态稳定(RISS)的定义 4.4、定理 4.6,以及文献[170]中关于全局和局部 ISS 的定义,我们得到如下引理:

引理 10.1(RISS).以下关于连续系统 $z(t) = f(z, v)$ 的性质是等价的:

(i) 它是 $\mathbb{Z} \times \mathbb{V}$ 上的区域输入-状态稳定;

(ii) 存在 $\varphi \in \mathcal{KL}$ 和 $\mu \in \mathcal{K}$,使得对任意 $z(t_0) \in \mathbb{Z}$ 和 $v(t) \in \mathbb{V}$,其中 $\mathbb{Z} \subset \mathbb{R}^n$ 和 $\mathbb{V} \subset \mathbb{R}^m$ 为包含原点的有界集,方程的解 $z(t)$ 属于 $\mathbb{Z}$ 且满足

$$\|z(t)\| \leq \max\{\varphi(\|z(t_0)\|, t-t_0), \mu(\|v\|)\}, \quad \forall t \geq t_0$$

存在一个 RISS-Lyapunov 函数 $V(z)$ 和 $\alpha_i, \beta \in \mathcal{K}$ ($i=1, 2, 3$),对任意 $z \in \mathbb{Z}$ 和 $v \in \mathbb{V}$ 满足

$$\alpha_1(\|z\|) \leq V(z) \leq \alpha_2(\|z\|) \tag{10.12-1}$$

$$\frac{\partial V}{\partial z} f(z, v) \leq -\alpha_3(\|z\|) + \beta(\|v\|) \tag{10.12-2}$$

(iii) 存在一个 RISS-Lyapunov 函数 $V(z)$,$\alpha_i \in \mathcal{K}$ ($i=1, 2, 4$) 和 $\bar{\beta} \in \mathcal{K}$,对任意 $z \in \mathbb{Z}$ 和 $v \in \mathbb{V}$ 满足

$$\alpha_1(\|z\|) \leq V(z) \leq \alpha_2(\|z\|)$$

$$\frac{\partial V}{\partial z} f(z, v) \leq -\alpha_4(\|z\|), \quad \forall z \geq \bar{\beta}(\|v\|)$$

仿真 10.1

以文献 [92] 悬架模型为例,参数取值为

$$m_s = 350\text{kg}; m_u = 59\text{kg}; k_{1s} = 14500\text{N/m}; k_{2s} = 160000\text{N/m}^3;$$

$$k_t = 190000\text{N/m}; b_s = 1100\text{N/m/s}; b_t = 170\text{N/m/s}$$

假设路面位移 x_r 为正弦信号 $x_r = 0.01\sin(t)$,这样,$w = 0.01\cos(t)$,如图 10.1a、b 所示。状态反馈控制式(10.9)如图 10.1c 所示,其中 $k_1 = 1$,$k_2 = 2$ 及 $(x_1(0), x_2(0), x_3(0), x_4(0)) = (0.01, 0.01, 0.0)$,悬架动挠度 x_1、轮胎动变形 x_2、车身速度 x_3、车轮速度 x_4 如图 10.2 所示。从图 10.2 中可以观察到,在正弦扰动作用下零动态为 RISS,即系统在状态反馈控制器式(10.9)的作用下表现为输入-状态稳定。

事实 10.2 当扰动 $w = 0$ 或者为衰减信号时,零动态为

$$\begin{cases} \dot{\eta}_1 = -\dfrac{b_t}{m_s + m_u} \eta_1 - k_t \eta_2 \\ \dot{\eta}_2 = \dfrac{1}{m_s + m_u} \eta_1 \end{cases} \tag{10.13}$$

由于 $b_t \ll k_t$,故其原点(设为平衡点)指数稳定,即闭环系统式(10.10)为原点指数稳定。

事实 10.2 的证明可以参考文献 [114] 中引理 13.1。

仿真 10.2

悬架模型参数取值如仿真 10.1 相同,扰动取衰减信号 $w = -0.01\exp(-t)$,则 w、x_r、u 如图 10.3 所示,悬架动挠度 x_1、轮胎动变形 x_2、车身速度 x_3、轮胎

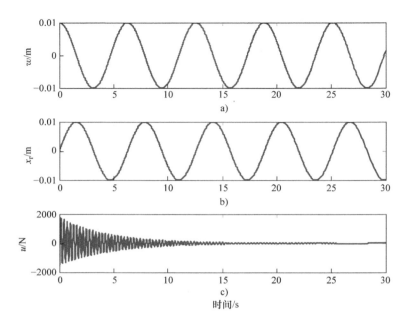

图 10.1　路面正弦扰动和状态反馈控制输入

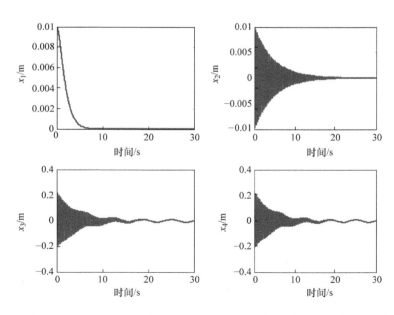

图 10.2　在正弦扰动下悬架动挠度、轮胎动变形、车身速度、车轮速度

速度 x_4 如图 10.4 所示,可以看出在衰减扰动下,零动态为指数稳定,悬架状态也

是指数稳定。

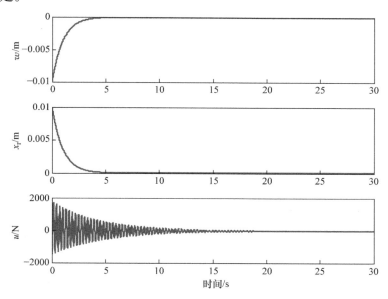

图 10.3　衰减扰动和状态反馈控制输入

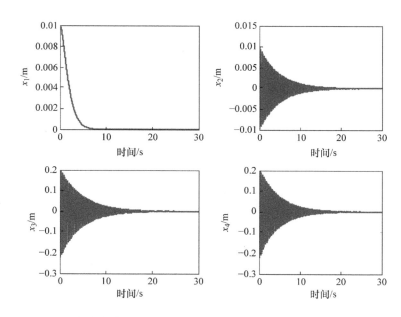

图 10.4　衰减扰动下悬架动挠度、轮胎动变形、车身速度、车轮速度

以上对两种零动态情况（即 RISS、指数稳定）的分析可以看出，闭环系统式（10.10）相对应分别为 RISS 和指数稳定。在第二节"输出反馈控制"内闭环系统

稳定性的分析中，我们将根据这两种状态反馈控制闭环系统稳定性的情况进行分析。

注 10.1 实际上，指数稳定时 RISS 的特殊情况，即 RISS 包含了指数稳定性的情况。但是为了突出这两种稳定性重要的不同之处，本章中我们将这两种稳定性分为两种情况进行分析。

第三节　输出反馈控制

注意到状态反馈控制式（10.9）中存在一个包含扰动 w 的项，实际上，扰动很难被直接测量得到，因而状态反馈控制式（10.9）是物理难以实现的，这里，我们构造一个扩展高增益观测器[150]对状态反馈控制中的扰动进行估计，当然也包含了系统不确定因素。对应于式（10.6-2），扩展高增益观测器（EHGO）的方程如下

$$\begin{cases} \dot{\hat{\xi}}_1 = \hat{\xi}_2 + \dfrac{a_1}{\varepsilon}(y_1 - \hat{\xi}_1) \\ \dot{\hat{\xi}}_2 = \hat{\sigma} - k_{1s}\left(\dfrac{1}{m_s} + \dfrac{1}{m_u}\right)\hat{\xi}_1 - \left[b_s\left(\dfrac{1}{m_s} + \dfrac{1}{m_u}\right) + \dfrac{b_t m_s}{m_u(m_s + m_u)}\right]\hat{\xi}_2 - k_{2s}\left(\dfrac{1}{m_s} + \dfrac{1}{m_u}\right)\hat{\xi}_1^3 \\ \qquad + \left(\dfrac{1}{m_s} + \dfrac{1}{m_u}\right)u + \dfrac{a_2}{\varepsilon^2}(y_1 - \hat{\xi}_1) \\ \dot{\hat{\sigma}} = \dfrac{a_3}{\varepsilon^3}(y_1 - \hat{\xi}_1) \end{cases}$$

(10.14)

其中 $\hat{\sigma}$ 是对 $\sigma = b(\eta,\xi,w) - \hat{b}(\xi) + (a - \hat{a})u$ 的估计。这样，输出反馈控制为

$$\begin{aligned} u &= M\,\mathrm{sat}\left(\dfrac{-\hat{\sigma} - \hat{b}(\hat{\xi}) - k_1\hat{\xi}_1 - k_2\hat{\xi}_2}{Ma}\right) \\ &= M\,\mathrm{sat}\left\{\dfrac{1}{M\left(\dfrac{1}{m_s} + \dfrac{1}{m_u}\right)}\left[-\hat{\sigma} + k_{1s}\left(\dfrac{1}{m_s} + \dfrac{1}{m_u}\right)\hat{\xi}_1 + k_{2s}\left(\dfrac{1}{m_s} + \dfrac{1}{m_u}\right)\hat{\xi}_1^3 \right.\right. \\ &\qquad\left.\left. + \left[b_s\left(\dfrac{1}{m_s} + \dfrac{1}{m_u}\right) + \dfrac{b_t m_s}{m_u(m_s + m_u)}\right]\hat{\xi}_2 - k_1\hat{\xi}_1 - k_2\xi_2\right]\right\} \end{aligned}$$

(10.15)

其中 $\hat{\xi}$，$\hat{\sigma}$ 由 EHGO 式（10.14）产生得到。为了防止高增益观测器瞬时响应中的峰值现象（peaking）○，我们利用饱和函数 $\mathrm{sat}(\tau) = \min\{1,|\tau|\}\mathrm{sign}(\tau)$ 将控制器饱和在 $\pm M$ 之间，其中

$$M \geqslant \max_{\chi \in \Omega, w \in \mathbf{W}}\left|\dfrac{-b(\eta,\xi,w) - k_1\xi_1 - k_2\xi_2}{a}\right|$$

○　这里，由于 $\hat{a} = a$，要求满足条件 $k_a \leqslant 1/\|G\|_\infty$ [150]。

这样，将输出反馈控制式（10.15）代入原系统式（10.6）得到状态闭环系统。

令估计误差 $e_1 = \xi_1 - \hat{\xi}_1$，$e_2 = \xi_2 - \hat{\xi}_2$，$e_3 = \sigma - \hat{\sigma}$，及尺度估计误差 $\zeta_1 = e_1/\varepsilon^2$、$\zeta_2 = e_2/\varepsilon$ 和 $\zeta_3 = e_3$，则尺度估计误差系统为

$$\varepsilon \dot{\zeta} = (\overline{A} - HC)\zeta + \varepsilon \overline{B} \delta(\eta, \xi, D(\varepsilon)\zeta, w) \quad (10.16)$$

其中

$$\zeta = \begin{bmatrix} \zeta_1 \\ \zeta_2 \\ \zeta_3 \end{bmatrix}, \overline{A} = \begin{bmatrix} 0 & 1 & 0 \\ 0 & 0 & 1 \\ 0 & 0 & 0 \end{bmatrix}, H = \begin{bmatrix} a_1 \\ a_2 \\ a_3 \end{bmatrix}, \overline{B} = \begin{bmatrix} 0 \\ 0 \\ 1 \end{bmatrix}, C^{\mathrm{T}} = \begin{bmatrix} 1 \\ 0 \\ 0 \end{bmatrix}, D(\varepsilon) = \begin{bmatrix} \varepsilon^2 & 0 & 0 \\ 0 & \varepsilon & 0 \\ 0 & 0 & 1 \end{bmatrix}$$

$$\delta(\eta, \xi, D(\varepsilon)\zeta, w) = \dot{\sigma}(\eta, \xi, w) - \dot{\hat{\sigma}}(\xi, D(\varepsilon)\zeta, w)$$

$\varepsilon > 0$ 是一个小的待取的常数，$a_i(i=1,2,3)$ 也是待选择的常数，其选择要使得 $\overline{A} - HC$ 为 Hurwitz。这样，状态闭环系统与尺度误差闭环系统组成的组合闭环系统为

$$\begin{cases} \dot{\chi} = \Phi(\chi, D(\varepsilon)\zeta, w) & (10.17\text{-}1) \\ \varepsilon \dot{\zeta} = (\overline{A} - HC)\zeta + \varepsilon \overline{B} \delta(\chi, D(\varepsilon)\zeta, w) & (10.17\text{-}2) \end{cases}$$

其中

$$\Phi(\chi, D(\varepsilon)\zeta, w) = \begin{bmatrix} G(\eta, \xi, w) \\ F(\eta, \xi, D(\varepsilon)\zeta, w) \end{bmatrix} \quad (10.17\text{-}3)$$

$$F(\eta, \xi, D(\varepsilon)\zeta, w) = A\xi + B[b(\eta, \xi, w) + au]$$

注意到相比较状态反馈控制下的状态闭环系统式（10.10）有 $\Phi(\chi, 0, w) = F(\chi, w)$。我们将证明通过 EHGO 得到的输出反馈控制作用下的闭环系统式（10.13）是 RISS 的，且其轨迹趋近于状态反馈控制式（10.9）作用下的闭环系统的状态轨迹，如定理 10.1 所述。

定理 10.1（RISS） 考虑扩展高增益观测器式（10.14）和输出反馈控制式（10.15）作用下的闭环系统式（10.17），如果状态反馈控制式（10.9）作用下的闭环系统式（10.10）为 RISS，则

(i) 系统式（10.17）是 $\mathbb{X} \times \mathbb{W}$ 中的 RISS；

(ii) 给定 $\nu > 0$，存在依赖于 ν 的 $T \geq 0$ 和 $\varepsilon_1^* > 0$，使得对任意的 $0 < \varepsilon \leq \varepsilon_1^*$ 和 $t \in [t_0, T]$，$\xi(t)$ 满足 $\|\xi(t) - \xi_s(t)\| \leq \nu$，其中 $\xi_s(t)$ 是起始状态为 $\xi(t_0)$ 的闭环系统式（10.10）的解。

仿真 10.3

悬架模型参数和正弦扰动取值与仿真 10.2 相同，设计 EHGO 式（10.14）和输出反馈控制式（10.15），其中 $M = 4000$，$a_1 = 3$，$a_2 = 3$，$a_3 = 1$ 且 $(\hat{\xi}_1(0), \hat{\xi}_2(0), \hat{\sigma}(0)) = (0, 0, 0)$。为了观察 EHGO 下输出反馈控制的性能恢复特性，我们用标准形下 η、ξ 的状态轨迹替代 x 的状态轨迹。分别取 $\varepsilon = 0.1$，0.02，0.01，图 10.5 显示随着 ε 的减小，输出反馈控制（OFC）作用下的 ξ_1、ξ_2 的状态

轨迹逐渐靠近状态反馈控制（SFC）下的状态轨迹。而且，状态表现出输入－状态稳定性，特别地，OFC 下内部动态的状态 η_1、η_2 的轨迹比 SFC 下的轨迹更靠近于零。正弦、扰动及控制力如图 10.6 所示。

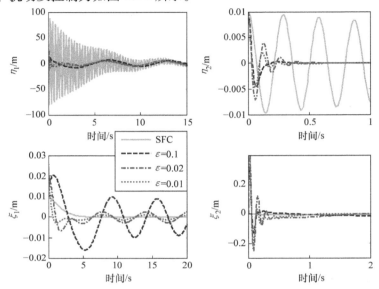

图 10.5　正弦扰动时 η、ξ 的轨迹

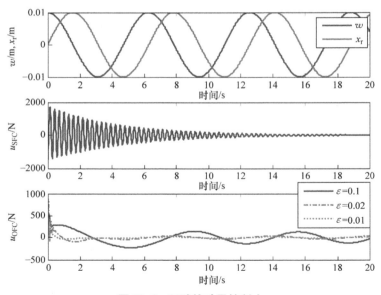

图 10.6　正弦扰动及控制力

定理 10.2（指数稳定性）　考虑 EGHO 式（10.14）和输出反馈控制式（10.15）下的闭环系统式（10.17）。若状态反馈式（10.9）控制下的闭环系统式

（10.10）指数稳定，则

（i）存在 $\varepsilon_2^* > 0$，对任意 $0 < \varepsilon \leq \varepsilon_2^*$，系统式（10.17）在原点指数稳定；

（ii）给定 $\nu > 0$，则存在依赖于 ν 的 $\varepsilon_3^* > 0$，对任意 $0 < \varepsilon \leq \varepsilon_3^*$ 和 $t \geq t_0$，$\xi(t)$ 满足 $\| \xi(t) - \xi_s(t) \| \leq \nu$。

定理 10.2 的证明参考文献 [150]、[170] 中的定理证明。

仿真 10.4

悬架模型的参数和衰减扰动信号分别与仿真 10.1 和 10.2 取值相同，设计 EH-GO 式（10.14）和输出反馈控制式（10.15），取 $M = 4000$，$a_1 = 3$，$a_2 = 3$，$a_3 = 1$ 及 $(\hat{\xi}_1(0), \hat{\xi}_2(0), \hat{\sigma}(0)) = (0, 0, 0)$。分别选择 $\varepsilon = 0.1$，0.02，0.01，图 10.7 显示随着 ε 的减小，OFC 作用下 ξ_1、ξ_2 的状态轨迹离 SFC 作用下的状态轨迹越来越近，ξ 和 η 均表现为指数稳定即 $x_1 \sim x_4$ 为指数稳定。衰减扰动和控制输入如图 10.8 所示。

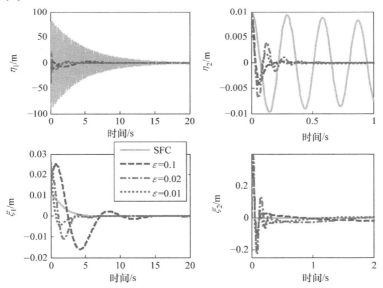

图 10.7 衰减扰动时 η、ξ 的轨迹

注 10.2 比较指数稳定和 RISS 时状态轨迹的收敛性可知，前者在 $t \in [t_0, \infty)$ 时成立，而后者仅能证得在 $t \in [t_0, T(\varepsilon)]$ 时成立，在 $T(\varepsilon)$ 时刻之后，状态轨迹 RISS 的收敛性依赖于扰动的模。

仿真 10.5

本章第一至四节证明了本章所介绍的采样控制器设计方法的优越性，即在该采样控制作用下的闭环系统更接近于相应的连续控制器作用下连续系统的结果。我们对第五节设计的输出反馈控制设计采样控制器，并且与相应连续输出反馈控制器下闭环系统的状态进行比较。分别取出采样 $T = 0.01$，0.001s，悬架系统在正弦扰动和衰减扰动时的状态响应图如图 10.9 ~ 图 10.12 所示，图中实线为连续系统状态轨

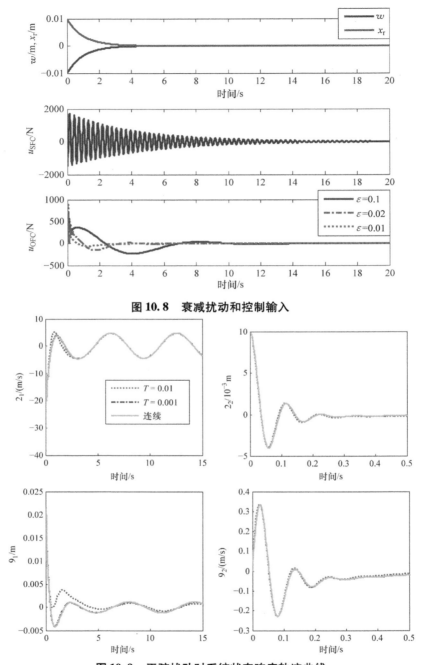

图 10.8 衰减扰动和控制输入

图 10.9 正弦扰动时系统状态响应轨迹曲线

迹,虚线为 $T=0.01\mathrm{s}$ 时的系统响应轨迹曲线,点画线为 $T=0.001\mathrm{s}$ 时的系统响应轨迹曲线,从图中可以看出,不论扰动为正弦或衰减信号,随着采样时间的减小,系统响应越靠近连续系统的响应轨迹曲线,说明采样时间越小,采样控制器下的系

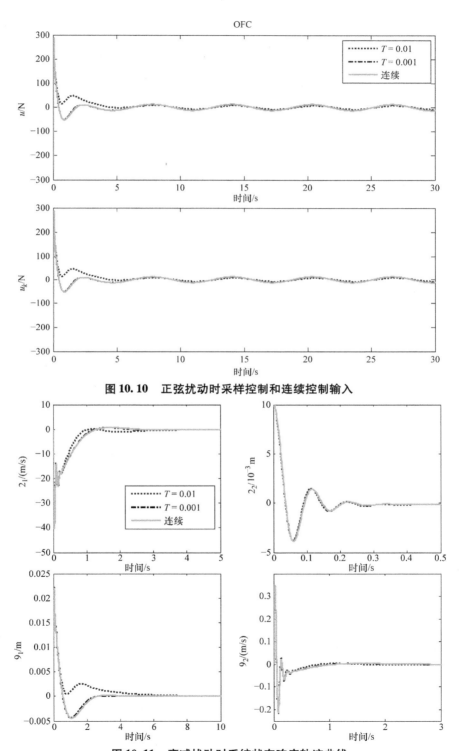

图 10.10　正弦扰动时采样控制和连续控制输入

图 10.11　衰减扰动时系统状态响应轨迹曲线

统越接近连续系统。同时也可以看出,采样时刻在一定范围内,本文所提供的采样控制器设计方法非常接近于连续控制器下连续系统的效果。

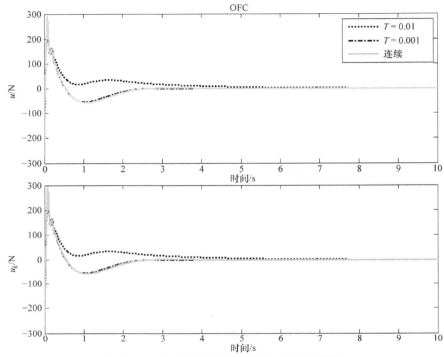

图 10.12　衰减扰动时采样控制和连续控制输入

第 11 章
实验方法介绍

对于 CAN 网络环境下电控悬架系统的仿真实验,除了运用 Matlab 和 Simulink 进行仿真实验外,还可以运用 Adams 与 Matlab/Simulink 进行联合仿真实验[13]、搭建电控悬架台架[14]等方法进行试验。

➢ Adams 与 Matlab 的联合仿真实验

Adams 与 Matlab 的联合仿真实验的主旨是运用 Adams 建立虚拟样机、添加外部载荷和约束,从而建立了虚拟样机模型;同时运用 Matlab/Simulink 进行控制律的设计。Adams 建立的虚拟样机模型输出速度等状态变量数据;Matlab 接收到这些状态变量数据后进行控制律的计算,计算后将控制指令发送给 Adams 作为输入数据来驱动虚拟样机模型;进而,虚拟样机输出新的状态变量数据继续反馈给 Matlab 控制器。周而复始,两个软件共同完成整个控制系统的运行,实现交互式仿真,最终可以在 Adams/View 中观察动画效果,在后处理模块中观察仿真曲线。Adams 和 Matlab 交互仿真的流程图如图 11.1 所示。

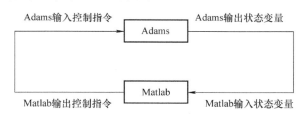

图 11.1 Adams 与 Matlab 联合仿真流程图

➢ 台架试验

构建电控空气悬架试验台架:假设所研究汽车前桥为少片簧非独立悬架,后桥为单轮钢板弹簧式空气悬架,根据该结构特点在汽车前桥中部装一个高度传感器,后桥左右两侧各装一个高度传感器,经中央电磁阀分别与后桥左右气囊组成分系统。然后根据该电控空气悬架系统的组成及其在整车上的布置特点与要求,选取所需的主要仪器和设备:空气净化器 1 台、空气压缩机 2 台,膜式空气弹簧 2 个,WABCO 电磁阀 1 个,WABCO 高度传感器、高度传感器摆杆、连接杆各 3 个,电控空气悬架控制单元 (ECU) 1 个,导线与空气管路。该电控空气悬架台架构建图如图 11.2 所示。

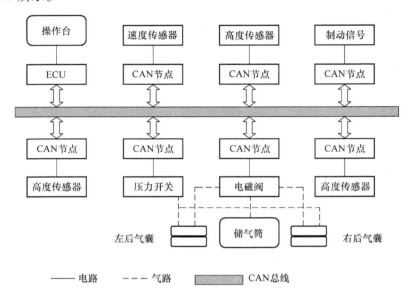

图 11.2　CAN 网络电控空气悬架系统台架试验构建图

附录A

A.1 定理 4.1 证明

证明：从式（4.10）和式（4.8）可得，

$$\tau\omega_{c1} = 2\pi + \arctan\frac{k_2\omega_{c1}}{k_1} - \arctan\frac{b\omega_{c1}}{k - m\omega_{c1}^2}, \quad 0 \leqslant \omega_{c1} < \sqrt{\frac{k}{m}}$$

$$\tau\omega_{c2} = -\pi + \arctan\frac{k_2\omega_{c2}}{k_1} + \arctan\frac{b\omega_{c2}}{m\omega_{c2}^2 - k}, \quad \omega_{c2} > \sqrt{\frac{k}{m}}$$

(A.1)

也即

$$\tau\omega_{c1} = 2\pi + \arctan\frac{k_2\omega_{c1}}{k_1} - \arctan\frac{b\omega_{c1}}{k - m\omega_{c1}^2}$$

$$\tau\omega_{c2} = \arctan\frac{k_2\omega_{c2}}{k_1} + \arctan\frac{b\omega_{c2}}{m\omega_{c2}^2 - k}$$

得

$$\omega_{c1} = \frac{1}{\tau}\left(\arctan\frac{k_2\omega_{c1}}{k_1} - \arctan\frac{b\omega_{c1}}{k - m\omega_{c1}^2}\right)$$

$$\omega_{c2} = \frac{1}{\tau}\left(\pi + \arctan\frac{k_2\omega_{c2}}{k_1} + \arctan\frac{b\omega_{c2}}{m\omega_{c2}^2 - k}\right)$$

其中 $\omega_{ci} > 0 (i=1,2)$。不等式（4.11）等价于

$$\psi(0) = \frac{k_1}{k} \leqslant 1 \tag{A.2}$$

$$\psi(\omega_{c1}) = \frac{\sqrt{k_1^2 + k_2^2\omega_{c1}^2}}{\sqrt{m^2\omega_{c1}^4 + (b^2 - 2mk)\omega_{c1}^2 + k^2}} < 1 \tag{A.3}$$

由式（A.2）即得式（4.12）、由式（A.3）即得式（4.13）。不等式（A.3）成立

等价于下列方程至少有一个正实解

$$m^2\omega_{c1}^4 + (b^2 - 2mk - k_2^2)\omega_{c1}^2 + k^2 - k_1 = 0$$

可得

$$0 < b < \sqrt{2mk}$$

定理 4.1 得证。

A.2 定理 4.2 证明

证明：注意到方程（4.14）和（4.15）存在两个正实解 ω_1，ω_2 当且仅当下列不等式成立

$$(k_2^2 + 2km - b^2)^2 - 4m^2(k^2 - k_1^2) > 0$$

$$(k_2^2 + 2km - b^2) > \sqrt{(k_2^2 + 2km - b^2)^2 - 4m^2(k^2 - k_1^2)}$$

即得式（4.24）。由定义式（4.21）知，n_1 是满足条件 $\tau_{1,n} \geq \tau_{2,n+1}(n \in \mathbb{Z}^+)$ 的最小正整数，即，

$$\tau_{1,0} + \frac{2\pi}{\omega_1}n \geq \tau_{2,0} + \frac{2\pi}{\omega_2}(n+1)$$

得式（4.23）。定理 4.2 得证。

A.3 定理 4.3 证明

证明：当 $\tau = 0$ 闭环系统不稳定时条件式（4.26）成立的条件。根据定义式（4.22），n_2 是满足条件 $\tau_{1,n} \geq \tau_{2,n}(n \in \mathbb{Z}^+)$ 时的最小正整数，即

$$\tau_{1,0} + \frac{2\pi}{\omega_1}n \geq \tau_{2,0} + \frac{2\pi}{\omega_2}n$$

推得式（4.25）。定理 4.3 得证。

A.4 定理 5.1 证明

证明：令增广向量

$$z(t) = \begin{bmatrix} \boldsymbol{x}(t) \\ \boldsymbol{w}(t) \end{bmatrix}, \quad \boldsymbol{y}(t) = \begin{bmatrix} \boldsymbol{y}_c(t) \\ \boldsymbol{v}(t) \end{bmatrix}$$

则由系统式（5.2）和外系统得到增广系统

$$\begin{aligned} \dot{z}(t) &= \widetilde{\boldsymbol{A}}z(t) + \widetilde{\boldsymbol{b}}u(t) + f(\boldsymbol{x}) + \Delta f(\boldsymbol{x},\delta) \\ \boldsymbol{y}(t) &= \widetilde{\boldsymbol{C}}z(t) + \widetilde{\boldsymbol{d}}u(t) \\ z(\boldsymbol{0}) &= \begin{bmatrix} \boldsymbol{x}_0 \\ \boldsymbol{w}_0 \end{bmatrix} = z_0 \end{aligned} \quad (A.4)$$

其中

$$\widetilde{A} = \begin{bmatrix} A & gF \\ 0 & G \end{bmatrix}, \widetilde{b} = \begin{bmatrix} b \\ 0 \end{bmatrix}, \widetilde{C} = \begin{bmatrix} \overline{C} & 0 \\ 0 & F \end{bmatrix}, \widetilde{d} = \begin{bmatrix} d \\ 0 \end{bmatrix}$$

$$f(x) = \begin{bmatrix} \overline{f}(x) \\ 0 \end{bmatrix}, \Delta f(x,\delta) = \begin{bmatrix} \overline{\Delta f}(x,\delta) \\ 0 \end{bmatrix}, \varsigma(x) = \begin{bmatrix} \overline{\varsigma}(x) \\ 0 \end{bmatrix}$$

由于 (A, b) 可控，外系统稳定，故 $(\widetilde{A}, \widetilde{b})$ 可镇定。由于 $(A, \overline{C})$ 和 (G, F) 可观测，易证 $(\widetilde{A}, \widetilde{C})$ 可观测。将非线性 $f(x)$ 和不确定项 $\Delta f(x,\delta)$ 视为系统受到的外部激励项。这样，将原系统式 (5.2) 关于性能指标式 (5.3) 的最优减振问题转换为增广系统式 (A.4) 关于以下平均性能指标的最优控制：

$$\begin{aligned} J(\cdot) &= \int_0^\infty [y^T(t)\widetilde{Q}_0 y(t) + \widetilde{r}_0 u^2(t)] dt \\ &= \int_0^\infty [z^T(t)\widetilde{Q}z(t) + 2z^T(t)\widetilde{n}u(t) + \widetilde{r}u^2(t)] dt \quad (A.5) \end{aligned}$$

其中，

$$\widetilde{Q} = \widetilde{C}^T \widetilde{Q}_0 \widetilde{C} = \begin{bmatrix} \overline{C}^T Q_1 \overline{C} & 0 \\ 0 & 0 \end{bmatrix}, \widetilde{n} = \widetilde{C}^T \widetilde{Q}_0 \widetilde{d} = \begin{bmatrix} \overline{C}^T Q_1 d \\ F^T Q_{12}^T d \end{bmatrix}$$

$$\widetilde{r} = \widetilde{d}^T \widetilde{Q}_0 \widetilde{d} + \widetilde{r}_0 = d^T Q_1 d + \widetilde{r}_0 > 0, \quad \widetilde{r}_0 > 0, \quad \widetilde{Q}_0 = \begin{bmatrix} Q_1 & 0 \\ 0 & 0 \end{bmatrix} \geq 0$$

矩阵对 $(A, \overline{C})$ 和 (G, F) 为可观测，$\widetilde{Q}_0 \geq 0$ 确保 $\widetilde{Q}$ 为半正定。

由于性能指标式 (A.5) 具有交叉项，下面将利用变量转换将其转换为等价的不具有交叉项的性能指标。令 $\widetilde{u}(t) = u(t) + \frac{1}{\widetilde{r}}\widetilde{n}^T z(t)$，系统式 (A.4) 和性能指标式 (A.5) 转换为等价的系统

$$\dot{z}(t) = \left(\widetilde{A} - \frac{1}{\widetilde{r}}\widetilde{b}\widetilde{n}^T\right)z(t) + \widetilde{b}\widetilde{u}(t) + f(x) + \Delta f(x,\delta)$$

和性能指标

$$J(\cdot) = \int_0^\infty \left[z^T(t)\left(\widetilde{Q} - \frac{1}{\widetilde{r}}\widetilde{n}\widetilde{n}^T\right)z(t) + \widetilde{r}\widetilde{u}^2(t)\right] dt$$

易证 $\left(A - \frac{1}{r}b n^T, b, D\right)$ 为可控-可观测，D 矩阵为满秩且满足 $D^T D = Q - \frac{1}{r}n n^T$。

构造 Hamilton 函数

$$\begin{aligned} H[z(t), \widetilde{u}(t), \lambda(t), t] &= \frac{1}{2}\left[z^T(t)\left(\widetilde{Q} - \frac{1}{\widetilde{r}}\widetilde{n}\widetilde{n}^T\right)z(t) + \widetilde{r}\widetilde{u}^2(t)\right] \\ &+ \lambda^T(t)\left[\left(\widetilde{A} - \frac{1}{\widetilde{r}}\widetilde{b}\widetilde{n}^T\right)z(t) + \widetilde{b}\widetilde{u}(t) + f(x) + \Delta f(x,\delta)\right] \end{aligned}$$

根据最小值条件可得控制方程

$$\frac{\partial H}{\partial u(t)} = \widetilde{r}u(t) + \widetilde{\boldsymbol{b}}^{\mathrm{T}}\boldsymbol{\lambda}(t) = 0$$

其中，最优控制 $\widetilde{u}^*(t) = -\frac{1}{\widetilde{r}}\widetilde{\boldsymbol{b}}^{\mathrm{T}}\boldsymbol{\lambda}(t)$ 使得 Hamilton 函数取得最小值。伴随方程由状态方程和协态方程组成

$$\dot{\boldsymbol{z}}(t) = \frac{\partial H}{\partial \boldsymbol{\lambda}(t)} = \left(\widetilde{\boldsymbol{A}} - \frac{1}{\widetilde{r}}\widetilde{\boldsymbol{b}}\,\widetilde{\boldsymbol{n}}^{\mathrm{T}}\right)\boldsymbol{z}(t) - \frac{1}{\widetilde{r}}\widetilde{\boldsymbol{b}}\,\widetilde{\boldsymbol{b}}^{\mathrm{T}}\boldsymbol{\lambda}(t) + \boldsymbol{f}(\boldsymbol{x}) + \Delta \boldsymbol{f}(\boldsymbol{x},\delta) \quad (\mathrm{A.6})$$

$$\dot{\boldsymbol{\lambda}}(t) = -\frac{\partial H}{\partial \boldsymbol{z}(t)} = -\left(\widetilde{\boldsymbol{Q}} - \frac{1}{\widetilde{r}}\widetilde{\boldsymbol{n}}\,\widetilde{\boldsymbol{n}}^{\mathrm{T}}\right)\boldsymbol{z}(t) - \left(\widetilde{\boldsymbol{A}} - \frac{1}{\widetilde{r}}\widetilde{\boldsymbol{b}}\,\widetilde{\boldsymbol{n}}^{\mathrm{T}}\right)^{\mathrm{T}}\boldsymbol{\lambda}(t) \quad (\mathrm{A.7})$$

边界条件为 $\boldsymbol{\lambda}(\infty) = 0$。如前所述，式（A.6）中 $\boldsymbol{f}(\boldsymbol{x})$ 和 $\Delta \boldsymbol{f}(\boldsymbol{x},\delta)$ 视为外部激励项，这样，伴随方程（A.6）和（A.7）与 $\boldsymbol{\lambda}(t)$ 和 $\boldsymbol{z}(t)$ 之间的关系可视为线性的。令协状态为

$$\boldsymbol{\lambda}(t) = \widetilde{\boldsymbol{P}}\boldsymbol{z}(t) + \boldsymbol{\xi}(t) \quad (\mathrm{A.8})$$

其中

$$\widetilde{\boldsymbol{P}} = \begin{bmatrix} \boldsymbol{P}_1 & \boldsymbol{P}_{12} \\ \boldsymbol{P}_{12}^{\mathrm{T}} & \boldsymbol{P}_2 \end{bmatrix} \quad (\mathrm{A.9})$$

为一未知矩阵。事实上，这里设计的状态 $\boldsymbol{\xi}(t) = \begin{bmatrix} \widetilde{\boldsymbol{\xi}}^{\mathrm{T}}(t) & \overline{\boldsymbol{\xi}}^{\mathrm{T}}(t) \end{bmatrix}^{\mathrm{T}}$ 是为了补偿系统受到的非线性和不确定项 $\boldsymbol{f}(\boldsymbol{x}) + \Delta \boldsymbol{f}(\boldsymbol{x},\delta)$ 造成的影响。对式（A.8）两边对时间求导，由式（A.6）和式（A.8）可得

$$\dot{\boldsymbol{\lambda}}(t) = \left[\widetilde{\boldsymbol{P}}\left(\widetilde{\boldsymbol{A}} - \frac{1}{\widetilde{r}}\widetilde{\boldsymbol{b}}\,\widetilde{\boldsymbol{n}}^{\mathrm{T}}\right) - \frac{1}{\widetilde{r}}\widetilde{\boldsymbol{P}}\widetilde{\boldsymbol{b}}\,\widetilde{\boldsymbol{b}}^{\mathrm{T}}\widetilde{\boldsymbol{P}}\right]\boldsymbol{z}(t) + \widetilde{\boldsymbol{P}}[\boldsymbol{f}(\boldsymbol{x}) + \Delta \boldsymbol{f}(\boldsymbol{x},\delta)] - \frac{1}{\widetilde{r}}\widetilde{\boldsymbol{P}}\widetilde{\boldsymbol{b}}\,\widetilde{\boldsymbol{b}}^{\mathrm{T}}\boldsymbol{\xi}(t) + \dot{\boldsymbol{\xi}}(t)$$

$$(\mathrm{A.10})$$

将式（A.6）代入式（A.7）可得

$$\dot{\boldsymbol{\lambda}}(t) = -\left[\left(\widetilde{\boldsymbol{Q}} - \frac{1}{\widetilde{r}}\widetilde{\boldsymbol{n}}\,\widetilde{\boldsymbol{n}}^{\mathrm{T}}\right) + \left(\widetilde{\boldsymbol{A}} - \frac{1}{\widetilde{r}}\widetilde{\boldsymbol{b}}\,\widetilde{\boldsymbol{n}}^{\mathrm{T}}\right)^{\mathrm{T}}\widetilde{\boldsymbol{P}}\right]\boldsymbol{z}(t) - \left(\widetilde{\boldsymbol{A}} - \frac{1}{\widetilde{r}}\widetilde{\boldsymbol{b}}\,\widetilde{\boldsymbol{n}}^{\mathrm{T}}\right)\boldsymbol{\xi}(t) \quad (\mathrm{A.11})$$

方程（A.10）和（A.11）相等可导出 Riccati 方程

$$\left(\widetilde{\boldsymbol{A}} - \frac{1}{\widetilde{r}}\widetilde{\boldsymbol{b}}\,\widetilde{\boldsymbol{n}}^{\mathrm{T}}\right)^{\mathrm{T}}\widetilde{\boldsymbol{P}} + \widetilde{\boldsymbol{P}}\left(\widetilde{\boldsymbol{A}} - \frac{1}{\widetilde{r}}\widetilde{\boldsymbol{b}}\,\widetilde{\boldsymbol{n}}^{\mathrm{T}}\right) - \frac{1}{\widetilde{r}}\widetilde{\boldsymbol{P}}\widetilde{\boldsymbol{b}}\,\widetilde{\boldsymbol{b}}^{\mathrm{T}}\widetilde{\boldsymbol{P}} + \left(\widetilde{\boldsymbol{Q}} - \frac{1}{\widetilde{r}}\widetilde{\boldsymbol{n}}\,\widetilde{\boldsymbol{n}}^{\mathrm{T}}\right) = 0 \quad (\mathrm{A.12})$$

用不确定项 $\Delta \boldsymbol{f}(\boldsymbol{x},\delta)$ 的边界函数 $\varsigma(\boldsymbol{x})$ 替换得到伴随微分方程。

将常量矩阵代入式（A.12）得到 Riccati 方程及如下矩阵方程

$$\left(\boldsymbol{A} - \frac{1}{\widetilde{r}}\boldsymbol{b}\,\boldsymbol{d}^{\mathrm{T}}\boldsymbol{Q}_1\overline{\boldsymbol{C}} - \frac{1}{\widetilde{r}}\boldsymbol{b}\boldsymbol{b}^{\mathrm{T}}\boldsymbol{P}_1^{\mathrm{T}}\right)^{\mathrm{T}}\boldsymbol{P}_{12} + \boldsymbol{P}_{12}\boldsymbol{G} = -\boldsymbol{P}_1\boldsymbol{g}\boldsymbol{F} \quad (\mathrm{A.13})$$

和

$$\boldsymbol{G}^{\mathrm{T}}\boldsymbol{P}_2 + \boldsymbol{P}_2\boldsymbol{G} = \left(\frac{1}{\widetilde{r}}\boldsymbol{P}_{12}^{\mathrm{T}}\boldsymbol{b}\boldsymbol{b}^{\mathrm{T}} - \boldsymbol{F}^{\mathrm{T}}\boldsymbol{g}^{\mathrm{T}}\right)\boldsymbol{P}_{12} - \boldsymbol{P}_{12}^{\mathrm{T}}\boldsymbol{g}\boldsymbol{F}$$

这样，$\widetilde{P}$ 可求解。将式（A.8）代入最优控制可得

$$\widetilde{u}^*(t) = -\frac{1}{r}\boldsymbol{b}^{\mathrm{T}}[\boldsymbol{P}_1\boldsymbol{x}(t) + \boldsymbol{P}_{12}\boldsymbol{w}(t) + \bar{\xi}(t)]$$

其中 $\xi(t) = [\widetilde{\xi}^{\mathrm{T}}(t), \bar{\xi}^{\mathrm{T}}(t)]^{\mathrm{T}}$，也即

$$u^*(t) = -\frac{1}{r}[(\boldsymbol{b}^{\mathrm{T}}\boldsymbol{P}_1 + \boldsymbol{d}^{\mathrm{T}}\boldsymbol{Q}_1\overline{\boldsymbol{C}})\boldsymbol{x}(t) + \boldsymbol{b}^{\mathrm{T}}\boldsymbol{P}_{12}\boldsymbol{w}(t) + \boldsymbol{b}^{\mathrm{T}}\bar{\xi}(t)] \quad (\text{A.}14)$$

注意到式（A.14）中的扰动向量 $w(t)$ 物理不可实现。为解决这个问题，可以定义一个新的伴随向量

$$\boldsymbol{\varphi}(t) = \boldsymbol{P}_{12}\boldsymbol{w}(t) \quad (\text{A.}15)$$

对式（A.15）两边求导并将结果代入式（A.13）可得

$$-\dot{\boldsymbol{\varphi}}(t) = -\frac{\mathrm{d}}{\mathrm{d}t}(\boldsymbol{P}_{12}\boldsymbol{w}(t)) = -\boldsymbol{P}_{12}\dot{\boldsymbol{w}}(t) = \boldsymbol{0} \cdot \boldsymbol{w}(t) - \boldsymbol{P}_{12}\boldsymbol{G}\boldsymbol{w}(t)$$

$$= \left[\left(\boldsymbol{A} - \frac{1}{r}\boldsymbol{b}\boldsymbol{d}^{\mathrm{T}}\boldsymbol{Q}_1\overline{\boldsymbol{C}}\right)^{\mathrm{T}} - \frac{1}{r}\boldsymbol{P}_1\boldsymbol{b}\boldsymbol{b}^{\mathrm{T}}\right]\boldsymbol{\varphi}(t) + \boldsymbol{P}_1\boldsymbol{g}\boldsymbol{v}(t)$$

以及边界条件 $\boldsymbol{\varphi}(\infty) = \boldsymbol{P}_{12}(\infty)\boldsymbol{w}(\infty) = \boldsymbol{0}$。注意到扰动输入 $v(t)$ 为可测量，这样 $\boldsymbol{\varphi}(t)$ 可解。将解得的 $\boldsymbol{\varphi}(t)$ 和 $v(t)$ 代入式（A.14）得到式（5.3）。定理 5.1 得证。

A.5 定理 5.2 证明

证明：考虑以下 Lyapunov 函数

$$L = \frac{1}{2}\boldsymbol{x}^{\mathrm{T}}\boldsymbol{P}_1\boldsymbol{x} + \frac{1}{2}\widetilde{\boldsymbol{W}}^{\mathrm{T}}\boldsymbol{P}_3^{-1}\widetilde{\boldsymbol{W}}$$

其中，P_1 为正定矩阵。Lyapunov 函数沿闭环系统对时间求导得

$$\dot{L} = -\frac{1}{2}\boldsymbol{x}^{\mathrm{T}}\overline{\boldsymbol{C}}^{\mathrm{T}}\boldsymbol{Q}_1\left(\boldsymbol{I} - \frac{1}{r}\boldsymbol{d}\boldsymbol{d}^{\mathrm{T}}\boldsymbol{Q}_1\right)\overline{\boldsymbol{C}}\boldsymbol{x} - \boldsymbol{x}^{\mathrm{T}}\boldsymbol{P}_1\boldsymbol{b}[\widetilde{\boldsymbol{W}}^{\mathrm{T}}\sigma(p) + \varepsilon] + \boldsymbol{x}^{\mathrm{T}}\boldsymbol{P}_1[\boldsymbol{g}\boldsymbol{v}(t)$$

$$-\frac{1}{r}\boldsymbol{b}\boldsymbol{b}^{\mathrm{T}}(\boldsymbol{\varphi}(t) + \bar{\xi}(t)) + f(\boldsymbol{x}) + \Delta f(\boldsymbol{x}, \delta)] + \widetilde{\boldsymbol{W}}^{\mathrm{T}}\sigma \boldsymbol{x}^{\mathrm{T}}\boldsymbol{P}_1\boldsymbol{b} - \lambda_w \|\boldsymbol{x}\|\widetilde{\boldsymbol{W}}^{\mathrm{T}}(\widetilde{\boldsymbol{W}} - \boldsymbol{W})$$

$$\leq -\left\{\frac{1}{2}\mu_{\min}\left[\overline{\boldsymbol{C}}^{\mathrm{T}}\boldsymbol{Q}_1\left(\boldsymbol{I} - \frac{1}{r}\boldsymbol{d}\boldsymbol{d}^{\mathrm{T}}\boldsymbol{Q}_1\right)\overline{\boldsymbol{C}}\right]\|\boldsymbol{x}\| + \|\boldsymbol{P}_1\|[\|\boldsymbol{b}\|\varepsilon_M + \|\boldsymbol{g}\|\|\boldsymbol{v}\|]\right.$$

$$\left. + \left\|\frac{1}{r}\boldsymbol{b}\boldsymbol{b}^{\mathrm{T}}\right\|(\|\boldsymbol{\varphi}\| + \|\bar{\xi}\|) + \rho\right] + \lambda_w\|\widetilde{\boldsymbol{W}}\|(\|\widetilde{\boldsymbol{W}}\| - W_M)\right\}\|\boldsymbol{x}\| \quad (\text{A.}16)$$

其中 $\mu_{\min}[\cdot]$ 为矩阵的最小特征值，式（A.16）的项平方化可得

$$\dot{L} \leq -\left\{\frac{1}{2}\mu_{\min}\left[\overline{\boldsymbol{C}}^{\mathrm{T}}\boldsymbol{Q}_1\left(\boldsymbol{I} - \frac{1}{r}\boldsymbol{d}\boldsymbol{d}^{\mathrm{T}}\boldsymbol{Q}_1\right)\overline{\boldsymbol{C}}\right]\|\boldsymbol{x}\| + \|\boldsymbol{P}_1\|[\|\boldsymbol{b}\|\varepsilon_M + \|\boldsymbol{g}\|\|\boldsymbol{v}\|]\right.$$

$$\left. + \left\|\frac{1}{r}\boldsymbol{b}\boldsymbol{b}^{\mathrm{T}}\right\|(\|\boldsymbol{\varphi}\| + \|\bar{\xi}\|) + \rho\right] + \lambda_w\left(\|\widetilde{\boldsymbol{W}}\| - \frac{1}{2}W_M\right)^2 - \frac{1}{4}W_M^2\right\}\|\boldsymbol{x}\|$$

$$(\text{A.}17)$$

以下条件式（A.18）或式（A.19）保证了式（A.17）负定：

$$\|x\| \geq W_M^2 / \left\{ 2\mu_{\min} \left[\overline{C}^T Q_1 \left(I - \frac{1}{r} dd^T Q_1 \right) \overline{C} \right] \right\} \equiv R_x \tag{A.18}$$

$$\|\widetilde{W}\| \geq \frac{1}{2} W_M \left(\sqrt{1/\lambda_w} + 1 \right) \equiv R_{\widetilde{W}} \tag{A.19}$$

其中 R_x 和 $R_{\widetilde{W}}$ 为收敛域，根据 Lyapunov 稳定性的扩展理论可知，$x(t)$ 和 $\widetilde{W}(t)$ 一致毕竟有界，即，系统状态的界足够小时闭环系统稳定性在实际工程中可用一致毕竟有界替代[66]。定理 5.2 得证。

A.6　定理 6.1 证明

证明：系统式（6.6-1）关于式（6.7）的最优控制的 Hamiltonian 函数为

$$H[z_1(t), z_2(t), \lambda(t), t] = \frac{1}{2} [z_1^T(t) Q z_1(t) + z_2^T(t) R z_2(t)]$$
$$+ \lambda^T(t) [M_{11} z_1(t) + M_{12} z_2(t) + Dv(t) + f_1(x,t)]$$

伴随方程为

$$\dot{z}_1(t) = \frac{\partial H}{\partial \lambda(t)} = M_{11}^T z_1(t) - M_{12} R^{-1} M_{12}^T \lambda(t) + Dv(t) + f_1(x,t) \tag{A.20}$$

$$\dot{\lambda}(t) = -\frac{\partial H}{\partial z_1(t)} = -Q z_1(t) - M_{11}^T \lambda(t) \tag{A.21}$$

边界条件为

$$\lambda(t_f) = Q_f z_1(t_f) \tag{A.22}$$

控制方程为

$$\frac{\partial H}{\partial z_2(t)} = R z_2(t) + M_{11}^T \lambda(t) = 0$$

即

$$z_2^*(t) = -R^{-1} M_{12}^T \lambda(t) \tag{A.23}$$

由伴随方程（A.20）和（A.21）组成的非线性两点边值问题（TPBV）问题为

$$\begin{bmatrix} \dot{z}_1(t) \\ \dot{\lambda}(t) \end{bmatrix} = \begin{bmatrix} M_{11} & -M_{12} R^{-1} M_{12}^T \\ -Q & -M_{11}^T \end{bmatrix} \begin{bmatrix} z_1(t) \\ \lambda(t) \end{bmatrix} + \begin{bmatrix} D \\ 0 \end{bmatrix} v(t) + \begin{bmatrix} f_1(x,t) \\ 0 \end{bmatrix}$$

$$\begin{bmatrix} z_1(0) \\ \lambda(t_f) \end{bmatrix} = \begin{bmatrix} \phi_1 \\ 0 \end{bmatrix} \tag{A.24}$$

且式（A.23）为虚拟最优控制。最优滑模面为

$$s^*(z) = R z_2^*(t) + M_{12}^T \lambda(t) = 0 \tag{A.25}$$

其中 $s = [s_1, s_2, \cdots, s_{n_1}] \in \mathbb{R}^{n_1}$。我们的目标为设计 $z_2^*(t)$ 使得状态轨迹到达滑模面式（A.25）。

由式（A.22）可知，协态 λ 与状态 $z_1(t)$ 为线性关系。因而，令

$$\lambda(t) = P_1(t)z_1(t) + P_2(t)w(t) + g(t) \tag{A.26}$$

其中 $P_1(t), P_2(t)$ 为已知矩阵，函数 $g(t)$ 待定。对式（A.26）两边求导并将式（A.24）的第一个方程和式（A.26）代入其结果得

$$\dot{\lambda}(t) = [\dot{P}_1(t) + P_1(t)M_{11} - P_1(t)M_{12}R^{-1}M_{12}^{T}P_1(t)]z_1(t) + [\dot{P}_2(t) + P_1(t)DF + P_2(t)G - P_1(t)M_{12}R^{-1}M_{12}^{T}P_2(t)]w(t) - P_1(t)M_{12}R^{-1}M_{12}^{T}g(t) + P_1(t)f_1(x,t) + \dot{g}(t) \tag{A.27}$$

而且，将式（A.26）代入式（A.24）的第二个方程得

$$\dot{\lambda}(t) = -[Q + M_{11}^{T}P_1(t)]z_1(t) - M_{11}^{T}P_2(t)w(t) - M_{11}^{T}g(t) \tag{A.28}$$

由方程（A.27）和（A.28）相等可推出 Riccati 微分方程（6.9），Sylvester 微分方程（6.10），及伴随微分方程（6.11）。将式（A.26）代入最优滑模面式（A.25）得到

$$s^* = Rz_2^*(t) + M_{12}^{T}P_1(t)z_1(t) + M_{12}^{T}P_2(t)w(t) + M_{12}^{T}g(t) = 0$$

也即

$$s^* = [M_{12}^{T}P_1(t) \quad R]\Xi y(t) + M_{12}^{T}[P_2(t)w(t) + g(t)] \tag{A.29}$$

用式（6.2）中的 $y(t)$ 代替式（A.29）中的 $y(t)$ 即得到最优滑模面式（6.8）。

由式（A.23）和式（A.25）可得最优虚拟控制

$$z_2^*(t) = -R^{-1}M_{12}^{T}[P_1(t)z_1(t) + P_2(t)w(t) + g(t)]$$

将式（A.30）及式（6.4-2）代入式（6.6-1）得到闭环系统式（6.12）。

矩阵微分方程（6.9）~（6.11）满足存在唯一条件，这样 OSMS 式（6.8）存在且唯一。定理 6.1 得证。

A.7 定理 6.3 证明

证明：对滑模面式（A.29）两边求导并将式（6.6）代入结果可得

$$\dot{s}(t) = [RM_{21} + M_{12}^{T}P_1(t)M_{11} + M_{12}^{T}\dot{P}_1(t)]z_1(t) + [RM_{22} + M_{12}^{T}P_1(t)M_{12}]z_2(t) + RBu(t) + [M_{12}^{T}P_1(t)DF + M_{12}^{T}P_2(t)G_2 + M_{12}^{T}\dot{P}_2(t)]w(t) + Rf_2(x,t) + M_{12}^{T}\dot{g}(t) \tag{A.30}$$

将式（A.26）代入式（A.25）并将结果代入式（6.17）得到

$$\dot{s} = -kM_{12}^{T}P_1(t)z_1(t) - kRz_2(t) - kM_{12}^{T}P_2(t)w(t) - kM_{12}^{T}g(t) - \varepsilon\,\text{sign}(s) \tag{A.31}$$

比较式（A.30）和式（A.31）可得变结构控制律

$$u^*(t) = -(RB)^{-1}\{[RM_{21} + M_{12}^{T}P_1(t)M_{11} + kM_{12}^{T}P_1(t) + M_{12}^{T}\dot{P}_1(t)]z_1(t) + [M_{12}^{T}P_1(t)M_{12} + RM_{22} + kR]z_2(t) + [M_{12}^{T}P_1(t)DF + M_{12}^{T}P_2(t)G + kM_{12}^{T}P_2(t) + M_{12}^{T}\dot{P}_2(t)]w(t) + M_{12}^{T}[\dot{g}(t) + kg(t)] + Rf_2(x,t) + [\varepsilon + \rho(x,t)R]\text{sign}(s)\} \tag{A.32}$$

将式（A.32）中的 z_1, z_2 用 x 替换得到 VSDC 式（6.19）。

下面证明可达性条件式（6.18）。将 VSDC 式（A.32）代入式（A.30）得

$$\dot{s} = -ks - \varepsilon \text{sign}(s) + R[d(x,t) - \rho(x,t)\text{sign}(s)] \quad (A.33)$$

若 $s_i > 0$，下式对 $\forall i = 1, 2, \cdots, n_1$ 成立

$$R[d(x,t) - \rho(x,t)\text{sign}(s)] = r_i[d_i(x,t) - \rho(x,t)]$$

由于

$$d_i(x,t) \leq \rho_i(x,t)$$

且 $r_i > 0$，则式（A.33）变为

$$\dot{s}_i \leq -k_i s_i - \varepsilon_i \text{sign}(s_i) < 0 \quad (A.34)$$

另一方面，若 $s_i < 0$，用相同的方法可得

$$\dot{s}_i \geq -k_i s_i - \varepsilon_i \text{sign}(s_i) > 0 \quad (A.35)$$

比较式（A.34）和式（A.35），VSDC 式（6.19）满足可达性条件 $s\dot{s} < 0$，即状态轨迹在有限时间到达最优滑模面式（6.8）并保留其中[107]。定理 6.2 得证。

A.8 定理 7.1 证明

证明：根据最小值原理，系统式（7.14）与式（7.19）的 Hamiltonian 函数为

$$H(\bar{z}, \bar{u}, \lambda, t) = \frac{1}{2}(\bar{z}^T Q \bar{z} + r \bar{u}^2) + \lambda^T \left(A \bar{z} + B \bar{u} - \frac{b_t}{m_u} B_1 v \right)$$

其中 λ 为一协状态。伴随方程为

$$\dot{\bar{z}} = \frac{\partial H}{\partial \lambda} = A^T \bar{z} - \frac{1}{r} BB^T \lambda - \frac{b_t}{m_u} B_1 v \quad (A.36)$$

$$\dot{\lambda} = -\frac{\partial H}{\partial \bar{z}} = -Q\bar{z} - A^T \lambda$$

边界条件为 $\lambda(\infty) = 0$，由控制方程 $\frac{\partial H}{\partial \bar{u}} = r\bar{u} + B^T \lambda = 0$ 得

$$\bar{u} = -\frac{1}{r} B^T \lambda \quad (A.37)$$

记协态

$$\lambda = P\bar{z} + \widetilde{P}\phi \quad (A.38)$$

对式（A.38）两边求导并将结果代入方程（A.36）即得 Riccati 方程（7.18-2）和 Sylvester 方程（7.18-3）。将式（A.38）代入式（A.37）得到最优控制律

$$\bar{u} = -\frac{1}{r} B^T (P\bar{z} + \widetilde{P}\phi) \quad (A.39)$$

其中 P 从 Riccati 方程（7.18-2）可解，P_1 从 Sylvester 方程（7.18-3）可解。对应于式（7.12）求得非线性状态反馈控制为

$$u(t) = -\frac{m_s m_u}{m_s + m_u} [L_f^2 h(x(t+\tau)) - \bar{u}(t)] \quad (A.40)$$

将控制式（A.39）代入式（A.40）得

$$u(t) = -\frac{m_s m_u}{m_s + m_u}\left\{L_f^2 h(x(t+\tau)) + \frac{1}{r}B^T\left[P\bar{z}(t) + \widetilde{P}\phi(t)\right]\right\} \quad (A.41)$$

将式（A.41）中的 $\bar{z}$ 用式（7.15）中的代替得到具有时滞补偿的控制律

$$u(t) = -\frac{m_s m_u}{m_s + m_u}\left\{L_f^2 h(x(t+\tau)) + \frac{1}{r}B^T\left[P\left(z(t) + \int_{t-\tau}^{t} e^{A(t-h)}\bar{u}(h)\mathrm{d}hB\right) + \widetilde{P}\phi(t)\right]\right\}$$
$$(A.42)$$

进而，用微分同胚中的 $T_2(x)$ 替换式（A.42）中的 z 得到非线性状态反馈控制式（7.18-1）。

由 Riccati 方程（7.18-2）可得

$$\left(A - \frac{1}{r}PBB^TP\right)^T P + P\left(A - \frac{1}{r}PBB^TP\right) = -Q - \frac{1}{r}PBB^TP \quad (A.43)$$

由于 (A, B, E) 为可控 - 可观测，根据 LQR 理论，Lyapunov 方程（A.43）存在唯一解 $P^T = P > 0$；且矩阵 $\left(A - \frac{1}{r}PBB^TP\right)$ 为 Hurwitz，即

$$\mathrm{Re}\left[\mu\left(A - \frac{1}{r}PBB^TP\right)\right] < 0 \quad (A.44)$$

其中 μ 表示矩阵特征值，$\mathrm{Re}[\,\cdot\,]$ 表示特征值的实部。注意到系统受到的扰动为周期振动，也即外系统有 $\mathrm{Re}[\mu(G)] \leq 0$，故结合式（A.44）可得

$$\mu_i\left(A - \frac{1}{r}PBB^TP\right) + \mu_j(G) \neq 0$$

其中 $i = 1, 2$ 和 $j = 1, 2, \cdots, 2p$，这样，Sylvester 方程（7.18-3）存在唯一解 P_1[171]，因而，非线性状态控制式（7.18-1）唯一。定理 7.1 得证。

A.9 定理 7.3 证明

证明：由式（7.31）可得内部动态闭环系统的解

$$\vartheta(t) = e^{A_0 t}\vartheta_0 + \int_0^t e^{A_0(t-h)}\left[B_0 z(h) + D_0 F\phi(h) + B_0\Delta_1(z)\right]\mathrm{d}h$$

设 $\|e^{A_0 t}\| \leq k e^{-\mu t}$，则有

$$\|\vartheta(t)\| = k e^{-\mu t}\|\vartheta_0\| + \int_0^t k e^{-\mu(t-h)}\left[\|B_0\|\|z(h)\| + \|D_0 F\|\|\phi(h)\| + \|B_0\|\|\Delta_1(z)\|\right]\mathrm{d}h$$

$$\leq k e^{-\mu t}\|\vartheta_0\| + \frac{1}{\mu}k\left[\|B_0\|\sup_{0 \leq h \leq t}\|z(h)\| + (\delta_1\|B_0\| + \delta\|D_0 F\|)\right] \quad (A.45)$$

不等式（A.45）表明当 z 与 ϕ 有界时零状态响应有界，而其零输入响应指数渐近稳定。这样，可将零动态系统视为内部动态系统式（7.10）的扰动形式，即

$$\dot{\vartheta} = f_0(\vartheta, 0, 0)$$

也即当内部动态系统式（7.10）的输入为零时，其在 $\vartheta = 0$ 为全局指数渐近稳定。

根据 Lyapunov 逆定理[114]，$\exists V(t,\vartheta)$ 满足

$$c_1\|\vartheta\|^2 \leq V(t,\vartheta) \leq c_2\|\vartheta\|^2$$

$$\frac{\partial V}{\partial t} + \frac{\partial V}{\partial \vartheta}f_0(t,\vartheta) \leq -c_3\|\vartheta\|^2$$

$$\left\|\frac{\partial V}{\partial \vartheta}\right\| \leq c_4\|\vartheta\|$$

其中 c_1、c_2、c_3、c_4 为正常数。同时，对于 $\forall (\vartheta,\bar{\vartheta}) \in R^{n-\rho}$，$t \in [0,t_1]$ 下式成立

$$\|f_0(t,\vartheta,z,v) - f_0(t,\bar{\vartheta},z,v)\| = \|A_0(\vartheta-\bar{\vartheta})\| \leq \mu_{\max}(A_0)\|\vartheta-\bar{\vartheta}\| \triangleq L_0\|\vartheta-\bar{\vartheta}\|$$

其中 L_0 为一个 Lipschitz 常数，即函数 $f_0(t,\vartheta,z,v)$ 为一致全局 Lipschitz。这样，对 $\forall t \geq$，存在

$$\|f_0(t,\vartheta,z,v) - f_0(t,\vartheta,0,0)\| \leq L\|z\|$$

其中 L 为一 Lipschitz 常数。

基于以上分析，V 沿着系统式（7.31）求导可得

$$\dot{V} = \frac{\partial V}{\partial t} + \frac{\partial V}{\partial \vartheta}f_0(t,\vartheta,0,0) + \frac{\partial V}{\partial \vartheta}[f_0(t,\vartheta,z,v) + \frac{\partial V}{\partial \vartheta}f_0(t,\vartheta,0,0)]$$

$$\leq -c_3\|\vartheta\|^2 + c_4L\|\vartheta\|\|z\| = -c_3(1-\sigma)\|\vartheta\|^2 - c_3\sigma\|\vartheta\|^2 + c_4L\|\vartheta\|\|z\|$$

$$\leq -c_3(1-\sigma)\|\vartheta\|^2, \quad \forall \|\vartheta\| \geq \frac{c_4L}{c_3\sigma}\|z\|$$

其中 $\sigma \in (0,1)$。令

$$\alpha_1(\bar{r}) = c_1\bar{r}^2, \quad \alpha_2(\bar{r}) = c_2\bar{r}^2, \quad \gamma(\bar{r}) = \frac{c_4L}{c_3\sigma}\bar{r}$$

根据文献［119］中定理 4.19，内部动态系统式（7.31）为输入-状态稳定且 $\gamma(\bar{r}) = \sqrt{\frac{c_2}{c_1}}\frac{c_4L}{c_3\sigma}\bar{r}$。

下面证明整个系统一致有界。

令 $V(z) = Z^T\bar{P}z$，$\bar{P}$ 为 Lyapunov 方程 $\bar{P}(A-BK_1) + (A-BK)_1\bar{P} = -I$ 的唯一解。对 V 沿着式（7.35）求导得

$$\dot{V} = z^T[\bar{P}(A-BK_1) + (A-BK_1)\bar{P}]z + 2z^T\bar{P}[\bar{B}\phi + B_1\Delta_2(z)]$$

其中 $\bar{B} = -(\frac{b_t}{m_u}B_1F + BK_2)$。继而

$$\dot{V} = z^T[\bar{P}(A-BK_1) + (A-BK_1)\bar{P}]z + 2z^T\bar{P}[\bar{B}\phi + B_1\Delta_2(z)]$$

$$\leq -\|z\|^2 + 2\|\bar{P}\|(\delta_2 + \delta\|\bar{B}\|)\|z\|$$

$$\leq -\frac{1}{2}\|z\|^2, \quad \forall \|z\| \geq 4\|\bar{P}\|(\delta_2 + \delta\|\bar{B}\|)$$

其中 $\|B_1\| = 1$。根据文献［119］定理 4.18，存在一个有限时间 t_0 和一个正常数 ε 满足

$$\|z(t)\| \leq \varepsilon, \quad \forall t \geq t_0$$

另一方面内部动态系统具有输入-状态稳定性，即

$$\|\vartheta\| \leq \beta_0(\|\vartheta(t_0)\|, t - t_0) + \gamma_0\left(\sup_{t \geq t_0}\|z(t)\|\right)$$

$$\leq \beta_0\left(\|\vartheta(t_0)\|, t - t_0\right) + \gamma_0(\varepsilon)$$

其中 β_0 是一个 $\mathcal{KL}$ 类函数，γ_0 是一个 $\mathcal{K}$ 类函数，超过这个有限时间后，存在

$$\beta_0(\|\vartheta(t_0)\|, t - t_0) \leq \varepsilon$$

因此，$[\vartheta^T, z^T]^T$ 毕竟有界，界 $\varepsilon + \gamma_0(c\varepsilon)$ 为一关于 ε 的 $\mathcal{K}$ 函数。定理 7.3 得证。

A.10 引理 8.1 证明

证明：我们将系统式（8.1）在性能指标式（8.2）下的非线性最优控制问题转换为线性最优控制问题。考虑以下线性系统的最优控制问题

$$\Delta\psi_l(k) = H\psi_l(k) + Gu_l(k) + \xi_{l-1}(\chi_l(k), k) \tag{A.46}$$

其中

$$\xi_{l-1}(\chi_l(k), k) = \sum_{i=1}^{m} A_i\psi_{l-1}(k - \sigma_i) + \sum_{j=1}^{n} B_j u_{l-1}(k - h_j) + f(\chi_l(k), k)$$

由已知数据得到。固定 l 且应用最小值原理，由式（A.46）和式（8.2）定义 Lagrange 函数

$$L_l = \frac{1}{2}\sum_{k=0}^{N}[\psi_l^T(k)Q\psi_l(k) + u_l^T(k)Ru_l(k)]$$

$$+ \sum_{k=0}^{N}\lambda_l^T(k+1)[H\psi_l(k) + Gu_l(k) + \xi_{l-1}(\chi_l(k), k) - \Delta\psi_l(k)] \tag{A.47}$$

其中 λ_l 为 Lagrange 乘子。为了最小化 L_l 需要使其分别针对 $\psi_l(k)$、$u_l(k)$、$\lambda_l(k)$ 求微分，

$$\begin{cases}
\dfrac{\partial L_l}{\partial \psi_l(k)} = Q\psi_l(k) + H^T\lambda_l(k+1) + \Delta\lambda_l(k) = 0, & k = 0, 1, \cdots \\
\dfrac{\partial L_l}{\partial u_l(k)} = Ru_l(k) + G^T\lambda_l(k+1) = 0, & k = 0, 1, \cdots \\
\dfrac{\partial L_l}{\partial \lambda_l(k+1)} = H\psi_l(k) + Gu_l(k) + \xi_{l-1}(\chi_l(k), k) - \Delta\psi_l(k) = 0, & k = 0, 1, \cdots
\end{cases}$$

得

$$\begin{cases}
\lambda_l(k) = TQ\psi_l(k) + (TH^T + I)\lambda_l(k+1) & \text{(A.48)} \\
u_l(k) = -R^{-1}G^T\lambda_l(k+1) & \text{(A.49)} \\
\psi_l(k+1) = (TH + I)\psi_l(k) - TGR^{-1}G^T\lambda_l(k+1) + T\xi_{l-1}(\chi_l(k), k) & \text{(A.50)}
\end{cases}$$

设协态向量 λ_l 与 ψ_l 和 ρ_l 的线性关系为

$$\lambda_l(k) = \Omega\psi_l(k) + \rho_l(\chi_l(k),k) \tag{A.51}$$

其中 $\Omega \in \mathcal{R}^{\mu_1 \times \mu_1}$ 为未知矩阵，ρ_l 为 l 次伴随向量，目的为补偿非线性和时滞给系统造成的影响。首先，为了得到 Riccati 方程和伴随差分方程，对式（A.51）取时间为 $k+1$，即

$$\lambda_l(k+1) = \Omega\psi_l(k+1) + \rho_l(\chi_l(k+1),k+1) \tag{A.52}$$

将式（A.52）代入方程（A.50）得：

$$\psi_l(k+1) = (I + TGR^{-1}G^T\Omega)^{-1}[\psi_l(k) - TGR^{-1}G^T\rho_l(\chi_l(k),k) + \xi_{l-1}(\chi_l(k),k)] \tag{A.53}$$

将式（A.51）和式（A.52）代入方程（A.48）得：

$$(\Omega - TQ)\psi_l(k) = (TH^T + I)\Omega\psi_l(k+1) + (TH^T + I)\rho_l(\chi_l(k+1),k+1) - \rho_l(\chi_l(k),k) \tag{A.54}$$

将式（A.53）代入式（A.54）得到：

$$\begin{aligned}
& [(TH^T + I)\Omega(I + TGR^{-1}G^T\Omega)^{-1}(TH + I) + TQ - \Omega]\psi_l(k) \\
& + (TH^T + I)\Omega(I + TGR^{-1}G^T\Omega) - 1\xi_{l-1}(\chi_l(k),k) \\
& + (TH^T + I)[I - T\Omega(I + \overline{TGR^{-1}G^T}\Omega) - 1\overline{GR^{-1}G^T}]\rho_l(\chi_l(k+1),k+1) \\
& - \rho_l(\chi_l(k),k) = 0
\end{aligned} \tag{A.55}$$

等式（A.55）为恒等推得代数 Riccati 方程和伴随差分方程

$$\begin{aligned}
\rho_l(\chi_l(k),k) &= (TH^T + I)[I - T\Omega(I + TGR^{-1}G^T\Omega)^{-1}GR^{-1}G^T]\rho_l(\chi_l(k+1),k+1) \\
&\quad + (TH^T + I)\Omega(I + TGR^{-1}G^T\Omega) - 1\xi_{l-1}(\chi_l(k),k) \\
\rho_l(\chi_l(k),\infty) &= 0
\end{aligned}$$

继而来求闭环系统的最优控制。将式（A.51）代入式（A.48）得

$$\lambda_l(k+1) = (TH^T + I)^{-1}[(\Omega - TQ)\psi_l(k) + \rho_l(\chi_l(k),k)] \tag{A.56}$$

将式（A.56）代入式（A.49）得到最优控制

$$u_l(k) = -R^{-1}G^T(TH^T + I)^{-1}[(\Omega - TQ)\psi_l(k) + \rho_l(\chi_l(k),k)]$$

其中，Ω 为 Riccati 方程的唯一解，$\rho_l(\cdot)$ 满足差分方程。将式（A.56）代入式（A.50）且利用 Riccati 方程则得到第 l 次的闭环系统

$$\begin{aligned}
\psi_l(k+1) &= [TH + I - TGR^{-1}G^T(TH^T + I)^{-1}(\Omega - TQ)]\psi_l(k) \\
&\quad - TGR^{-1}G^T(TH^T + I)^{-1}\rho_l(\chi_l(k),k) + T\xi_{l-1}(\chi_l(k),k) \\
&= (TH^T + I)[I - TGR^{-1}G^T\Omega(I + TGR^{-1}G^T\Omega)^{-1}]\psi_l(k) \\
&\quad - TGR^{-1}G^T(TH^T + I)^{-1}\rho_l(\chi_l(k),k) + T\xi_{l-1}(\chi_l(k),k)
\end{aligned}$$

其解为

$$\begin{aligned}
\psi_l(k) &= \Psi(k,k_0)\phi(k_0) + \sum_{i=0}^{k-1}\Psi(k,i+1)[T\xi_{l-1}(\chi_l(i),i) \\
&\quad - TGR^{-1}G^T(TH^T + I)^{-1}\rho_l(\chi_l(i),i)]
\end{aligned} \tag{A.57}$$

其中 Ψ 为 $(TH^T+I)[I-TGR^{-1}G^T\Omega(I+TGR^{-1}G^T\Omega)^{-1}]$ 的转换矩阵。

由于这是线性最优控制问题，如果存在一个与预定函数 $\chi_l(k)$ 一致的解 $\psi_l(k)$，那么这个函数也被认为是引理 1 中问题的解。对任意 $\chi_l \in C^1$，定义一个 C^1 上的非线性算子 P：$(P\chi_l)(k)=\psi_l(k)$，其中 $\psi_l(k)$ 满足方程（A.57）。由于式（A.57）连续，故 P 连续。令

$$M = \{\chi_l, \bar{\chi}_l \in C_n^1 : \|P\chi_l - \overline{P\chi_l}\| \leq \vartheta \sqrt{\|\chi_l - P\chi_l\| \|\bar{\chi}_l - P\chi_l\|}, 0 < \vartheta < 1\}$$

显然 $M \neq 0$ 且 M 是一个 Banach 空间的闭子集。对每个固定的 l，记 M 上的序列 $\{\chi_l^n\}$ 为 $\chi_l^{n+1} \in P\chi_l^n$，$n=0,1,\cdots$。显然，$\{\chi_l^n\}$ 为一个 Cauchy 序列，这样它收敛于某个 $\chi_l^* \in M$。由于 P 连续，故 $\chi_l^* = P\chi_l^*$。令 $\bar{\chi}_l^* \in M$ 亦有 $\bar{\chi}_l^* = \overline{P\chi_l^*}$，这样，

$$\|\bar{\chi}_l^* - \chi_l^*\| = \|\overline{P\chi_l^*} - P\chi_l^*\| \leq \vartheta \sqrt{\|\bar{\chi}_l^* - P\chi_l^*\| \|\chi_l^* - P\chi_l^*\|} = 0$$

也即 $\bar{\chi}_l^* = \chi_l^*$，故存在唯一的 $\chi_l^* \in M$ 满足 $\chi_l^*(k) = P\chi_l^*(k) = \psi_l^*(k)$，其中

$$\psi_l^*(k) = \Psi(k,k_0)\phi(k_0) + \sum_{i=0}^{k-1}\Psi(k,i+1)[T\xi_{l-1}(\chi_l^*(i),i) - TGR^{-1}G^T(TH^T+I)^{-1}\rho_l(\chi_l^*(i),i)]$$

$$= \Psi(k,k_0)\phi(k_0) + \sum_{i=0}^{k-1}\Psi(k,i+1)[T\xi_{l-1}(\psi_l^*(i),i) - TGR^{-1}G^T(TH^T+I)^{-1}\rho_l(\psi_l^*(i),i)] \tag{A.58}$$

该 $\psi_l^*(k)$ 满足引理 8.1 中的条件。引理 8.1 得证。

A.11 定理 8.1 证明

证明：从引理 8.1 可知，关于第 l 次最优控制问题的最优控制为

$$u_l^*(k) = -R^{-1}G^T(TH^T+I)^{-1}[(\Omega-TQ)\psi_l^*(k) + \rho_l(\psi_l^*(k),k)]$$

其中 Ω 是 Riccati 方程的唯一正定解，$\rho_l(\cdot)$ 满足差分方程

$$\rho_l(\psi_l^*(k),k) = (TH^T+I)[I-T\Omega(I+TGR^{-1}G^T\Omega)^{-1}GR^{-1}G^T]\rho_l(\psi_l^*(k+1),k+1)$$
$$+ (TH^T+I)\Omega(I+TGR^{-1}G^T\Omega)^{-1}\xi_{l-1}(\psi_l^*(k),k)$$

$$\rho_l(\psi_l^*(k),\infty) = 0 \tag{A.59}$$

最优状态轨迹 $\psi_l^*(k)$ 为以下方程的解

$$\psi_l^*(k+1) = (TH^T+I)[I-TGR^{-1}G^T\Omega(I+TGR^{-1}G^T\Omega)^{-1}]\psi_l^*(k)$$
$$- TGR^{-1}G^T(TH^T+I)^{-1}\rho_l(\psi_l^*(k),k) + T\xi_{l-1}(\psi_l^*(k),k)$$
$$\tag{A.60}$$

由式（A.59）可知 $\rho_l(\psi_l^*(k),k)$ 依赖于一个已知函数和 $\xi_{l-1}(\psi_l^*(k),k)$，且式（A.59）和式（A.60）的齐次部分是伴随的。方程（A.60）在边界条件下的解为

定理 8.1 的最优状态轨迹。因而，由于序列与序列 $\{u_l^*(k)\}$ 和 $\{\rho_l(\psi_l^*(k),k)\}$ 收敛性与 $\{\psi_l^*(k)\}$ 的连续转换有关，因而其收敛。故 $\{\psi_l^*(k)\}$ 的极限是下列方程的解

$$\psi^*(k+1) = (TH^T+I)[I-TGR^{-1}G^T\Omega(I+TGR^{-1}G^T\Omega)^{-1}]\psi^*(k) + \sum_{i=1}^{m}TA_i\psi^*(k-\sigma_i)$$

$$+ \sum_{j=1}^{n}TB_ju^*(k-r_i) - TGR^{-1}G^T(TH^T+I)^{-1}\rho(\psi^*(k),k) + Tf(\psi^*(k),k)$$

$$\psi^*(k) = \phi(k), k \in [k_0-\sigma, k_0]$$

$$u^*(k) = \alpha(k), k \in [k_0-h, k_0]$$

解 $\psi^*(k)$、$u^*(k)$ 和 $\rho(\psi^*(k),k)$ 分别为序列 $\{\psi_l^*(k)\}$、$\{u_l^*(k)\}$ 和 $\{\rho_l(\psi_l^*(k),k)\}$ 的极限。这样，定理 8.1 的结论得证。

A.12 定理 9.1 证明

证明：在假设 9.1 的条件下，由引理 9.1 可知，存在一个 RISS–Lyapunov 函数 $V(\chi)$ 和函数 α_i，$\rho \in \mathcal{K}(i=1,2,3)$ 对任意 $\chi \in \mathbb{X}$ 和 $w \in \mathbb{W}$ 满足引理 9.1。选择 $c = \alpha_2 \circ \alpha_3^{-1} \circ 3\rho(\|w\|_\infty)$ 使得 $\Omega := \{\chi : V(\chi) \leq c\} \subset \mathbb{X}$。由于 $\chi(t_0) \in \mathbb{X}$，以下将考察两种情形：情形 I，$\chi(k_0) \in \Omega$，即初始状态 $\chi(k_0)$ 起始于集合 Ω；情形 II，$\chi(k_0) \notin \Omega$，即初始状态 $\chi(k_0)$ 起始于集合 Ω 之外且集合 $\mathbb{X}$ 之内。

为了利用引理 9.2，我们将检查闭环采样系统式 (9.7) 是否分别满足 DT–URISS 和 CT–UBT 的条件。由引理 9.1 的性质可知集合 Ω 是紧的。这样，局部 Lipschitz 函数，如 F_1、F_2、f、Θ、γ，在 Ω 上为 Lipschitz（原因如注 9.3 所述），同时，它们在集合 $\mathbb{X}$ 上有界。由中值定理可知，Lyapunov 函数 $V(\chi)$ 沿着 DT 模型式 (9.8-1) 的差分满足

$V(\chi(k+1)) - V(\chi(k))$

$= \dfrac{\partial V}{\partial \chi}(\Gamma(k))[\chi(k+1) - \chi(k)]$

$= \dfrac{\partial V}{\partial \chi}(\chi(k))[\chi(k+1) - \chi(k)] + \left[\dfrac{\partial V}{\partial \chi}(\Gamma(k)) - \dfrac{\partial V}{\partial \chi}(\chi(k))\right][\chi(k+1) - \chi(k)]$

$= \dfrac{\partial V}{\partial \chi}(\chi(k))TF_2(\chi(k),\chi(k),w(k)) + \dfrac{\partial V}{\partial \chi}(\chi(k))T^2\Theta(\chi(k),w(k),T)$

$\quad + \left[\dfrac{\partial V}{\partial \chi}(\Gamma(k)) - \dfrac{\partial V}{\partial \chi}(\chi(k))\right][\chi(k+1) - \chi(k)]$

对任意 $\chi \in \mathbb{X}$，$w \in \mathbb{W}$，$k \geq k_0$，其中 $\Gamma(k)$ 是 $\chi(k)$ 与 $\chi(k+1)$ 之间的一点。由注 9.2 和式 (9.8-2) 可知，

$V(\chi(k+1)) - V(\chi(k))$

$$\begin{aligned}
&= \frac{\partial V}{\partial \chi}(\chi(k))Tf(\chi(k),w(k)) + T^2\frac{\partial V}{\partial \chi}(\chi(k))\Theta(\chi(k),w(k),T)\\
&\quad + \left[\frac{\partial V}{\partial \chi}(\Gamma(k)) - \frac{\partial V}{\partial \chi}(\chi(k))\right][\chi(k+1)-\chi(k)]\\
&\leq -T\alpha_3(\|\chi(k)\|) + T\rho(\|w\|_\infty) + T^2\left\|\frac{\partial V}{\partial \chi}(\chi(k))\right\|\|\Theta(\chi(k),w(k),T)\|\\
&\quad + \iota_1\|\chi(k+1)-\chi(k)\|^2\\
&\leq -T\alpha_3(\|\chi(k)\|) + T\rho(\|w\|_\infty) + l_3T^2
\end{aligned} \tag{A.61}$$

其中在 $\mathbb{X}$ 上 $\|\partial V/\partial \chi\| \leq \iota_1$，$\|\Theta\| \leq \iota_2$，$\|F_2\| \leq \iota_3$，且 $l_3 = \iota_1(\iota_2 + \iota_3^2)$。下面声明 9.1 将证明集合 Ω 为不变集。

声明 9.1 如果存在 $k_1 \in \mathbb{Z}_+$ 使得 $\chi(k_1) \in \Omega$，则对任意 $k \geq k_1$，有 $\chi(k) \in \Omega$。

声明 9.1 证明：根据文献 [171] 中引理 B.1，不失一般性，假设
$$V(\chi) - \alpha_3 \cdot \alpha_2^{-1}(V(\chi)) =: (\mathrm{Id} - \alpha_3 \cdot \alpha_2^{-1})(V(\chi))$$

为一 $\mathcal{K}$ 类函数。令 $k_1 = \min\{k_1 \in \mathbb{Z}_+ : \chi(k) \in \Omega\} < \infty$，即从 k_1，$\chi(k)$ 进入集合 Ω，由于 $\chi(k_1) \in \Omega$，则 $V(\chi(k_1)) \leq c$ 及 $\alpha_3(\|\chi(k)\|) \geq \alpha_3 \cdot \alpha_2^{-1}(V(\chi(k)))$，对 $\chi \in \mathbb{X}$ 和 $w \in \mathbb{W}$，式 (A.62) 可得：

$$\begin{aligned}
V(\chi(k_1+1)) &\leq V(\chi(k_1)) - T\alpha_3(\|\chi(k_1)\|) + T\rho(\|w\|_\infty) + l_3T^2\\
&\leq V(\chi(k_1)) - T\alpha_3 \cdot \alpha_2^{-1}(V(\chi(k_1))) + T\rho(\|w\|_\infty) + l_3T^2\\
&= (\mathrm{Id} - T\alpha_3 \cdot \alpha_2^{-1})(V(\chi(k_1))) + T\rho(\|w\|_\infty) + l_3T^2\\
&\leq \left(\mathrm{Id} - \frac{2T}{3}\alpha_3 \cdot \alpha_2^{-1}\right)(V(\chi(k_1))) + T\rho(\|w\|_\infty) + l_3T^2\\
&\leq \left(\mathrm{Id} - \frac{2T}{3}\alpha_3 \cdot \alpha_2^{-1}\right)(c) + T\rho(\|w\|_\infty) + l_3T^2\\
&= c - \left[\frac{T}{3}\alpha_3 \cdot \alpha_2^{-1}(c) - T\rho(\|w\|_\infty)\right] - \left[\frac{T}{3}\alpha_3 \cdot \alpha_2^{-1}(c) - l_3T^2\right]
\end{aligned} \tag{A.62}$$

令 $T_1^* = \alpha_3 \cdot \alpha_2^{-1}(c)/(3l_3)$，则当 $T \leq T_1^*$ 时，$\alpha_3 \cdot \alpha_2^{-1}(c) = 3\rho(\|w\|_\infty)$，由式 (A.62) 可知 $V(\chi(k_1+1)) \leq c$。设对 $j \in \mathbb{Z}_+$，$V(\chi(k_1+j)) \leq c$。将式 (A.61) 中的 k 用 k_1+j 替换且利用 $\alpha_3(\|\chi(k_1+j)\|) \geq \alpha_3 \cdot \alpha_2^{-1}(V(\chi(k_1+j)))$ 可得，对任意 $T \leq T_1^*$ 和 $\chi \in \mathbb{X}$，$w \in \mathbb{W}$，有

$$\begin{aligned}
V(\chi(k_1+j+1)) &\leq V(\chi(k_1+j)) - T\alpha_3(\|\chi(k_1+j)\|) + T\rho(\|w\|_\infty) + l_3T^2\\
&\leq V(\chi(k_1+j)) - T\alpha_3 \cdot \alpha_2^{-1}(V(\chi(k_1+j))) + T\rho(\|w\|_\infty) + l_3T^2\\
&= (\mathrm{Id} - T\alpha_3 \cdot \alpha_2^{-1})(V(\chi(k_1+j))) + T\rho(\|w\|_\infty) + l_3T^2\\
&\leq \left(\mathrm{Id} - \frac{2T}{3}\alpha_3 \cdot \alpha_2^{-1}\right)(V(\chi(k_1+j))) + T\rho(\|w\|_\infty) + l_3T^2\\
&\leq \left(\mathrm{Id} - \frac{2T}{3}\alpha_3 \cdot \alpha_2^{-1}\right)(c) + T\rho(\|w\|_\infty) + l_3T^2
\end{aligned}$$

$$= c - \left[\frac{T}{3}\alpha_3 \cdot \alpha_2^{-1}(c) - T\rho(\|w\|_\infty)\right] - \left[\frac{T}{3}\alpha_3 \cdot \alpha_2^{-1}(c) - l_3 T^2\right]$$
$$\leqslant c$$

这样，对任意 $k \geqslant k_1$，$\chi(k) \in \Omega$。

对于情形 I，由于初始状态 $\chi(k_0)$ 起始于集合 Ω，即 $k_1 = k_0$，根据声明 9.1 可知，当 $k > k_0$ 时，$\chi(k)$ 将进入集合 Ω 并永远在其中。换言之，根据引理 9.1 可知，对任意 $k \geqslant k_0$，

$$\|\chi(k)\| \leqslant \alpha_1^{-1}(V(\chi(k))) \leqslant \alpha_1^{-1}(c) = \alpha_1^{-1} \cdot \alpha_2 \cdot \alpha_3^{-1} \cdot 3\rho(\|w\|_\infty) \quad (\text{A.63})$$

其中 $\alpha_1^{-1} \cdot \alpha_2 \cdot \alpha_3^{-1} \cdot 3\rho$ 为一 $\mathcal{K}$ 类函数。对于情形 II，初始状态 $\chi(k_0)$ 起始于集合 Ω 之外且在集合 $\mathbb{X}$ 之内。这样，我们将证明 k_1 的存在性，也即从 k_1 开始状态进入集合 Ω。因为当 $k_0 \leqslant k \leqslant k_1$ 时，下式及式（A.61）成立：

$$V(\chi(k)) > c = \alpha_2 \cdot \alpha_3^{-1} \cdot 3\rho(\|w\|_\infty)$$

故，对任意 $T \leqslant T_1^*$，

$$V(x(k+1)) - V(x(k))$$
$$\leqslant -T\alpha_3(\|x(k)\|) + T\rho(\|w\|_\infty) + l_3 T^2$$
$$\leqslant -T\alpha_3 \cdot \alpha_2^{-1}(V(\chi(k))) + T\rho(\|w\|_\infty) + l_3 T^2$$
$$= -\frac{T}{3}\alpha_3 \cdot \alpha_2^{-1}(V(\chi(k))) - \left[\frac{T}{3}\alpha_3 \cdot \alpha_2^{-1}(V(\chi(k))) - T\rho(\|w\|_\infty)\right]$$
$$\quad - \left[\frac{T}{3}\alpha_3 \cdot \alpha_2^{-1}(V(\chi(k))) - l_3 T^2\right]$$
$$\leqslant -\frac{T}{3}\alpha_3 \cdot \alpha_2^{-1}(V(\chi(k)))$$

根据文献［143］中的定理 8（即离散系统比较原理），存在一 $\mathcal{KL}$ 类函数 β 满足

$$V(x(k)) \leqslant \beta(V(\chi(k_0)), k - k_0) \quad (\text{A.64})$$

由引理 9.1 和式（A.63）有

$$\|\chi(k)\| \leqslant \alpha_1^{-1} \cdot \beta(V(\chi(k_0)), k - k_0) \leqslant \alpha_1^{-1} \cdot \beta(\alpha_2(\|\chi(k_0)\|), k - k_0)$$
$$(\text{A.65})$$

其中 $\alpha_1^{-1} \cdot \beta(\alpha_2, k - k_0)$ 为一 $\mathcal{KL}$ 类函数。令不等式（A.64）右端为 c 得到有限时间 k_1，从该时刻起状态轨迹 $\chi(k)$ 将进入集合 Ω 并保留其中。当状态轨迹进入集合 Ω 后，即 $k \geqslant k_1$ 时，式（A.63）成立。根据式（A.63）和式（A.65），对任意 $k \geqslant k_0$ 和 $T \leqslant T_1^*$ 及 $\chi \in \mathbb{X}$ 和 $w \in \mathbb{W}$，存在

$$\|\chi(k)\| \leqslant \max\{\alpha_1^{-1} \cdot \beta(\alpha_2(\|\chi(k_0)\|), k - k_0), \alpha_1^{-1} \cdot \alpha_2 \cdot \alpha_3^{-1} \cdot 3\rho(\|w\|_\infty)\}$$
$$(\text{A.66})$$

这样，引理 8.2 的条件得到满足且

$$\bar{\beta} = \alpha_1^{-1} \cdot \beta(\alpha_2, k - k_0), \bar{\rho} = \alpha_1^{-1} \cdot \alpha_2 \cdot \alpha_3^{-1} \cdot 3\rho$$

其中 $\bar{\beta} \in \mathcal{KL}$ 和 $\bar{\rho} \in \mathcal{K}$。

然后，我们检查引理9.2的第二个条件，也即，在采样区间内状态轨迹是否毕竟有界。由F_2关于χ和w的Lipschitz特性，令$t_0 = kT$，则对$t \in [t_0, t_0 + T]$有

$$\|\chi(t)\| \leq \|\chi(t_0)\| + \frac{1}{l_1}[\|F_2(\chi(t_0), w(t_0))\| + l_2\|w\|_\infty][e^{l_1(t-t_0)} - 1]$$

$$\leq \|\chi(t_0)\| + \frac{1}{l_1}[e^{l_1(t-t_0)} - 1][l_1\|\chi(t_0)\| + l_0\|w\|_\infty] + \frac{l_2}{l_1}e^{l_1 T}\|w\|_\infty$$

$$\leq e^{l_1 T}[\|\chi(t_0)\| + l_4\|w\|_\infty] \quad (A.67)$$

其中$l_4 = (l_0 + l_2)/l_1$，引理9.2的第二个条件满足且$\bar{\rho}_1(s) = e^{l_1 T}s \in \mathcal{K}$，$\bar{\rho}_2(s) = l_4 e^{l_1 T}s \in \mathcal{K}$。由式（A.66）和式（A.67），根据引理9.2，闭环采样系统式（9.7）为URISS，其中$\mathbb{X} = \mathbb{X}$和$\overline{\mathbb{W}} = \mathbb{W}$。

当$\mathbb{X} = \mathbb{R}^n$和$\mathbb{W} = \mathbb{R}^{m_2}$时，如注9.1所述，存在一个ISS-Lyapunov函数$V(\chi)$满足引理9.1所述条件。利用与上述类似的推导步骤可以证明采样系统ISS，如注9.5所述。定理9.1得证。

A.13 定理9.2证明

证明：离散时间方程（9.8-2）的解为

$$\chi(k) = \chi(k_0) + T\sum_{i=k_0}^{k-1} F_2(\chi(i), \chi(i), w(i)) + T^2\sum_{i=k_0}^{k-1} \Theta(\chi(i), w(i), T), \forall k \in \mathbb{Z}_+$$

(A.68)

连续时间闭环系统式（9.3）与式（9.8-1）在采样区间内的解相同，即，

$$\chi_c(t) = \chi_c(k) + TF_2(\chi_c(k), \chi_c(k), w(k)) + T^2\Theta(\chi_c(k), w(k), T), \forall t \in [kT, (k+1)T]$$

(A.69)

在采样时刻的解同式（A.68），即

$$\chi_c(k) = \chi_c(k_0) + T\sum_{i=k_0}^{k-1} F_2(\chi_c(i), \chi_c(i), w(i)) + T^2\sum_{i=k_0}^{k-1} \Theta(\chi_c(i), w(i), T), \forall k \in \mathbb{Z}_+$$

(A.70)

且$\chi_c(k_0) = \chi(k_0)$。这样，由式（A.68）和式（A.70），状态轨迹在采样时刻具有如下性质

$$\|\chi(k) - \chi_c(k)\| \leq T\sum_{i=k_0}^{k-1}\|F_2(\chi(i), \chi(i), w(i)) - F_2(\chi_c(i), \chi_c(i), w(i))\|$$

$$+ T^2\sum_{i=k_0}^{k-1}\|\Theta(\chi(i), w(i), T) - \Theta(\chi_c(i), w(i), T)\| = O(T)$$

(A.71)

用式（A.70）与式（9.8-1）相减可得，由$\|\chi(k) - \chi_c(k)\| \leq \iota_4$，且令$l_6 = l_5\iota_4$，则

对 $t \in [kT, (k+1)T]$ 有

$$\begin{aligned}
\|\chi(t) - \chi_c(t)\| &\leq \|\chi(k) - \chi_c(k)\| \\
&\quad + \int_{kT}^{t} \|F_2(\chi(\tau), \chi(k), w(\tau)) - F_2(\chi_c(\tau), \chi_c(k), w(\tau))\| d\tau \\
&\leq \|\chi(k) - \chi_c(k)\| \\
&\quad + \int_{kT}^{t} [l_1 \|\chi(\tau) - \chi_c(\tau)\| + l_5 \|\chi(k) - \chi_c(k)\|] d\tau \\
&\leq \|\chi(k) - \chi_c(k)\| + l_6 T + \int_{kT}^{t} l_1 \|\chi(\tau) - \chi_c(\tau)\| d\tau
\end{aligned} \quad (A.72)$$

其中 l_5 为 F_2 关于第二向量的 Lipschitz 常数。对式（A.72）应用 Gronwall – Bellman 不等式（文献［169］引理 B.1）得到状态轨迹在采样区间满足如下特性

$$\|\chi(t) - \chi_c(t)\| \leq [\|\chi(k) - \chi_c(k)\| + l_6 T] e^{l_1(t-kT)} \leq O(T) e^{l_1 T} = O(T), \forall t \in [kT, (k+1)T] \quad (A.73)$$

结合式（A.70）和式（A.72）可知，给定任意 $\mu > 0$，存在 $t_1^* \in \mathbb{Z}_+$ 使得当 $t \in [t_0, t_1^*]$ 时，定理 9.2 成立。定理 9.2 得证。

A.14 引理 9.3 证明

证明： 由引理 9.3 可知

$$\|\widetilde{\chi}(k)\| \leq \beta_2(\|\widetilde{\chi}(k_0)\|, k - k_0), \forall k \geq k_0 \quad (A.74)$$

也即

$$\begin{aligned}
\|\chi(k)\| &\leq \max\{\beta_1(\|\chi(k_0)\|, k-k_0), \sigma_1^s \cdot \beta_2(\|\widetilde{\chi}(k_0)\|, k-k_0), \sigma_1^d(\|w_1\|_\infty)\} \\
&\leq \max\{\max\{\beta_1(\|\chi(k_0)\|, k-k_0), \sigma_1^s \cdot \beta_2(\|\widetilde{\chi}(k_0)\|, k-k_0)\}, \sigma_1^d(\|w_1\|_\infty)\} \\
&\leq \max\left\{\beta_3\left(\left\|\begin{bmatrix}\chi^T(k_0) \\ \widetilde{\chi}^T(k_0)\end{bmatrix}\right\|, k-k_0\right), \sigma_1^d(\|w_1\|_\infty)\right\}
\end{aligned} \quad (A.75)$$

其中 β_3 是一个 $\mathcal{KL}$ 类函数，即

$$\beta_3\left(\left\|\begin{bmatrix}\chi^T(k_0) \\ \widetilde{\chi}^T(k_0)\end{bmatrix}\right\|, k-k_0\right) := \max\{\beta_1(\|\chi(k_0)\|, k-k_0), \sigma_1^s \cdot \beta_2(\|\widetilde{\chi}(k_0)\|, k-k_0)\}$$

以此类推，

$$\begin{aligned}
\|\widetilde{\chi}(k)\| &\leq \max\{\beta_2(\widetilde{\chi}(k_0), k-k_0), \sigma_2^s \cdot \beta_1(\chi(k_0), k-k_0), \sigma_2^d(\|w_2\|_\infty)\} \\
&\leq \max\left\{\beta_4\left(\left\|\begin{bmatrix}\chi^T(k_0) \\ \widetilde{\chi}^T(k_0)\end{bmatrix}\right\|, k-k_0\right), \sigma_1^d(\|w_2\|_\infty)\right\}
\end{aligned} \quad (A.76)$$

其中 $\beta_4 \in \mathcal{KL}$，即

$$\beta_4\left(\left\|\begin{bmatrix}\chi^T(k_0) \\ \widetilde{\chi}^T(k_0)\end{bmatrix}\right\|, k-k_0\right) = \max\{\beta_2(\widetilde{\chi}(k_0), k-k_0), \sigma_2^s \cdot \beta_1(\chi(k_0), k-k_0)\}$$

结合式（A.75）和式（A.76）有

$$\left\| \begin{bmatrix} \chi^{\mathrm{T}}(k_0) \\ \widetilde{\chi}^{\mathrm{T}}(k_0) \end{bmatrix} \right\| \leq \max\left\{ \beta_5\left(\left\| \begin{bmatrix} \chi^{\mathrm{T}}(k_0) \\ \widetilde{\chi}^{\mathrm{T}}(k_0) \end{bmatrix} \right\|, k - k_0 \right), \sigma_3\left(\left\| \begin{bmatrix} w_1 \\ w_2 \end{bmatrix} \right\| \right) \right\}$$

其中 $\beta_5 \in \mathcal{KL}$，$\sigma_3 \in \mathcal{K}$ 且 $\beta_5 = \sqrt{\beta_3^2 + \beta_4^2}$ 和 $\sigma_3 = \sqrt{(\sigma_1^d)^2 + (\sigma_2^d)^2}$，根据定义 9.1 可知，联立系统组合系统 URISS。

A.15 定理 9.3 证明

证明：定理 9.3 的证明过程与定理 9.1 和 9.2 的证明过程类似。为了证明子系统式（9.12-2）为 URISS，注意有关系 $F_3(\chi(k), 0, w(k)) = f(\chi(k), w(k))$，则对任意 $\chi \in \mathbb{X}$，$w \in \mathbb{W}$，即 $k \geq k_0$，有

$$\begin{aligned}
&V(\chi(k+1)) - V(\chi(k)) \\
&= \frac{\partial V}{\partial \chi}(\chi(k))[\chi(k+1) - \chi(k)] + \left[\frac{\partial V}{\partial \chi}(\Gamma(k)) - \frac{\partial V}{\partial \chi}(\chi(k))\right][\chi(k+1) - \chi(k)] \\
&= \frac{\partial V}{\partial \chi}(\chi(k)) T f(\chi(k), w(k)) + \frac{\partial V}{\partial \chi}(\chi(k)) T[F_3(\chi(k), \widetilde{\chi}(k), w(k)) \\
&\quad - F_3(\chi(k), 0, w(k))] + \frac{\partial V}{\partial \chi}(\chi(k)) T^2 \overline{\Theta}(\chi(k), w(k), \widetilde{\chi}(k), T) \\
&\quad + \left[\frac{\partial V}{\partial \chi}(\Gamma(k)) - \frac{\partial V}{\partial \chi}(\chi(k))\right][\chi(k+1) - \chi(k)] \\
&\leq -T\alpha_3(\|\chi(k)\|) + T\rho(\|w\|_\infty) + l_7 T \left\|\frac{\partial V}{\partial \chi}(\chi(k))\right\| \|\widetilde{\chi}(k)\| \\
&\quad + T^2 \left\|\frac{\partial V}{\partial \chi}(\chi(k))\right\| \|\overline{\Theta}(\chi(k), w(k), \widetilde{\chi}(k), T)\| + \iota_1 \iota_5^2 T^2
\end{aligned} \tag{A.77}$$

其中 l_7 为 F_3 关于第二向量的 Lipschitz 常数，且 $\|\partial V/\partial \chi\| \leq \iota_1$ 和 $\|F_3\| \leq \iota_5$。由于 $\widetilde{\chi}(k) = O(T)$，故式（A.77）满足

$$V(\chi(k+1)) - V(\chi(k)) \leq -T\alpha_3(\|\chi(k)\|) + T\rho(\|w\|_\infty) + l_8 T^2$$

其中，l_8 为一正常数。剩下的步骤与定理 9.1 的证明步骤类似。根据引理 9.3 可证得离散时间部分式（9.12-2）和式（9.12-3）为 URISS。

注意到输出反馈控制下闭环系统与状态反馈控制闭环系统状态方程，在采样区间中方程的不同式（9.7-1）中的 $F_2(\chi(t), \chi(k), w(t))$ 被替换为 $F_2(\chi(t), \hat{\chi}(k), w(t))$。然而，这一变换不改变在证明连续时间部分的 UBT 过程中得到的式（A.67）、式（A.71）和式（A.73）的结果，故也未改变输出反馈控制对于连续时间系统具有的轨迹收敛性。

A.16 事实 10.1 证明

证明：因为 $\dot{\eta} = G(\eta, 0, w)$ 为 RISS，根据引理 10.1，存在 $\varphi_1 \in \mathcal{KL}$ 和 $\mu \in \mathcal{K}$ 使得对 $\eta(t_0) \in \mathbb{X}_\eta$，$w \in \mathbb{W}$ 和 $\eta(t) \in \mathbb{X}_\eta$ 满足

$$\|\eta(t)\| \leq \max\{\varphi_1(\|\eta(t_0)\|, t-t_0), \mu(\|w\|)\}$$

即 $\dot{\eta} = G(\eta, \zeta, w)$ 为 RISS，也即将 (ξ, w) 视为该系统的输入则存在 $\bar{\mu} \in \mathcal{K}$，对任意 $\eta(t_0) \in \mathbb{X}_\eta$、$(\xi, w) \in \mathbb{X}_\xi \times \mathbb{W}$ 和 $\eta(t) \in \mathbb{X}_\eta$ 满足：

$$\|\eta(t)\| \leq \max\{\varphi_1(\|\eta(t_0)\|, t-t_0), \bar{\mu}(\|\xi\|), \mu(\|w\|)\} \quad (A.78)$$

由于 $\dot{\zeta} = (A-BK)\xi$ 为指数稳定，根据文献 [119] 引理 4.5，存在 $\varphi_2 \in \mathcal{KL}$，对于 $\xi(t_0) \in \mathbb{X}_\xi$，满足

$$\|\xi(t)\| \leq \varphi_2(\|\xi(t_0)\|, t-t_0) \quad (A.79)$$

将式（A.79）代入式（A.78）得到

$$\|\eta(t)\| \leq \max\{\varphi_1(\|\eta_1(t_0)\|, t-t_0), \bar{\mu} \cdot \varphi_2(\|\xi(t_0)\|, t-t_0), \mu(\|w\|)\}$$
$$\leq \max\{\max\{\varphi_1(\|\eta(t_0)\|, t-t_0), \bar{\mu} \cdot \varphi_2(\|\xi(t_0)\|, t-t_0)\}, \mu(\|w\|)\}$$
$$(A.80)$$
$$\leq \max\left\{\varphi_3\left(\left\|\begin{bmatrix}\eta(t_0)\\\xi(t_0)\end{bmatrix}\right\|, t-t_0\right), \mu(\|w\|)\right\}$$

其中 $\varphi_3 \in \mathcal{KL}$，$\varphi_3 = \max\{\varphi_1, \bar{\mu} \cdot \varphi_2\}$。类似地，由（A.79）有

$$\|\xi(t)\| \leq \varphi_2(\|\xi(t_0)\|, t-t_0) \leq \varphi_2\left(\left\|\begin{bmatrix}\eta(t_0)\\\xi(t_0)\end{bmatrix}\right\|, t-t_0\right) \quad (A.81)$$

根据式（A.80）和式（A.81），存在 $\varphi = \sqrt{\varphi_2^2 + \varphi_3^2} \in \mathcal{KL}$ 对 $(\eta(t_0), \xi(t_0)) \in \mathbb{X}_\eta \times \mathbb{X}_\xi$、$w \in \mathbb{W}$ 和 $(\eta(t), \xi(t)) \in \mathbb{X}$，满足

$$\left\|\begin{bmatrix}\eta(t)\\\xi(t)\end{bmatrix}\right\| \leq \max\left\{\varphi\left(\left\|\begin{bmatrix}\eta(t_0)\\\xi(t_0)\end{bmatrix}\right\|, t-t_0\right), \mu(\|w\|)\right\}$$

根据引理 10.1，系统（10.10）为 RISS。事实 10.1 得证。

A.17 定理 10.1 证明

证明：由于闭环系统式（10.10）为 RISS，根据引理 10.1，存在一个 Lyapunov 函数 $V_1(\chi)$ 满足式（10.12-1）和式（10.12-2）。定义两个紧集 $\Omega_1 = \{V_1(\chi) \leq c\}$ 和 $\Omega_2 = \{V_2(\zeta) \leq \rho \varepsilon^2\}$，其中 $c = \alpha_2 \cdot \alpha_3^{-1} \cdot 3\beta(\|w\|)$，$\rho > 0$ 是一个待定常数，$\chi(t_0) \in \Omega_1$。我们将通过对 V_1 和 V_2 对时间求导及其在集合 Ω 边界上的非正定性来证明集合 $\Omega = \Omega_1 \times \Omega_2$ 为正不变。首先，我们将检查 V_1 沿着系统式（10.17-1）的导数

在集合 $\{V_1(\chi) = c\} \times \Omega_2$ 边界的非正定性。对 $V_1(\chi)$ 沿着系统式（10.17-1）求导有

$$\dot{V}_1 = \frac{\partial V_1}{\partial \chi} \Phi(\chi, D(\varepsilon)\zeta, w)$$

$$= \frac{\partial V_1}{\partial \chi} \Gamma(\chi, w) + \frac{\partial V_1}{\partial \chi}[\Phi(\chi, D(\varepsilon)\zeta, w) - \Phi(\chi, 0, w)]$$

$$\leq -\alpha_3(\|\chi\|) + \beta(\|w\|) + l_1 l_2 \|\zeta\| \tag{A.82}$$

其中 $\|\partial V_1/\partial \chi\| \leq l_2$ 和 $\|D(\varepsilon)\| \leq 1$，$l_1$ 为函数 Φ 的 Lipschitz 常数。系统式（10.17-2）的降阶系统 $\varepsilon\dot{\zeta} = (\overline{A} - HC)\zeta$ 是指数稳定的，故存在一个 Lyapunov 函数 $V_2(\zeta) = \zeta^T P \zeta$，其中 P 是矩阵方程 $(\overline{A} - HC)^T P + P(\overline{A} - HC) = -I$ 的唯一正定解。V_2 满足

$$\lambda_{\min}(P)\|\zeta\|^2 \leq V_2(\zeta) \leq \|P\|\|\zeta\|^2 \tag{A.83}$$

其中，$\lambda_{\min}(P)$ 表示矩阵 P 的最小特征值，由于 $V_2 \leq \rho\varepsilon^2$，由式（A.82）有

$$\|\zeta\| \leq \sqrt{\frac{\rho}{\lambda_{\min}(P)}} \tag{A.84}$$

将式（A.84）代入式（A.82）可得

$$\dot{V}_1 \leq -\alpha_3(\|\chi\|) + \beta(\|w\|) + l_1 l_2 \sqrt{\frac{\rho}{\lambda_{\min}(P)}} \tag{A.85}$$

其中 $V_1 \leq \alpha_2(\|\chi\|)$ 和 $V_1 = c, \|\chi\| \geq \alpha_2^{-1}(c)$。根据 $\mathcal{K}$ 类函数的性质（文献[169]，Lemma 4.2）有，$\alpha_3(\|\chi\|) \geq \alpha_3 \cdot \alpha_2^{-1}(c)$，将其代入式（A.85）可得，当 $0 < \varepsilon \leq \overline{\varepsilon}_1$ 时，

$$\dot{V}_1 \leq -\alpha_3(\|\chi\|) + \beta(\|w\|) + l_1 l_2 \sqrt{\frac{\rho}{\lambda_{\min}(P)}}$$

$$\leq -\frac{1}{3}\alpha_3(\|\chi\|) - \left[\frac{1}{3}\alpha_3 \cdot \alpha_2^{-1}(c) - \beta(\|w\|)\right]$$

$$- \left(\frac{1}{3}\alpha_3 \cdot \alpha_2^{-1}(c) - \varepsilon l_1 l_2 \sqrt{\frac{\rho}{\lambda_{\min}(P)}}\right)$$

$$\leq -\frac{1}{3}\alpha_3(\|\chi\|) \tag{A.86}$$

其中 $\overline{\varepsilon}_1 = \alpha_3 \cdot \alpha_2^{-1}(c)/(l_1 l_2) \sqrt{\lambda_{\min}(P)/\rho}$。这样，在 $\{V_1(\chi) = c\} \times \Omega_2$ 的边界上有 $\dot{V}_1 < 0$。然后，我们将检查 V_2 沿着式（9.36-2）的导数在 $\Omega_1 \times \{V_2(\zeta) = \rho\varepsilon^2\}$ 的边界上的非正定性。对 V_2 沿着系统式（10.17-2）求导可得

$$\dot{V}_2 \leq -\frac{1}{\varepsilon}\zeta^T\zeta + 2\delta^T \overline{B} P \zeta \leq -\frac{1}{\varepsilon}\|\zeta\|^2 + 2\|\delta\|\|P\|\|\zeta\| \tag{A.87}$$

其中 $\|\overline{B}\| = 1$。由于 δ 对 ζ, w 是 Lipschitz 的且对任意的 $\chi \in \Omega_1$ 存在 $\|\chi\| \leq \kappa_3$，κ_3 为一常数，故 $\|\delta\| \leq \kappa_1\|\zeta\| + \kappa_2\|w\| + \kappa_3$，将其代入式（A.87）可得

$$\dot{V}_2 \leq -\frac{1}{\varepsilon}\|\zeta\|^2 + 2\|P\|\|\zeta\|(\kappa_1\|\zeta\| + \kappa_2\|w\| + \kappa_3)$$

$$\leqslant -\frac{1}{\varepsilon}\|\zeta\|^2 + 2\kappa_1\|P\|\|\zeta\|^2 + 2\|P\|(\kappa_2\kappa+\kappa_3)\|\zeta\|$$

$$\leqslant -\frac{1}{3\varepsilon}\|\zeta\|^2 - \left(\frac{1}{3\varepsilon}-2\kappa_1\|P\|\right)\|\zeta\|^2 - \left[\frac{1}{3\varepsilon}\|\zeta\|-2\|P\|\kappa_4\right]\|\zeta\| \tag{A.88}$$

其中$\|w\|\leqslant\kappa$，$\kappa_4=\kappa_2\kappa+\kappa_3$，且由于$V_2=\rho\varepsilon^2$和$\|\zeta\|=\varepsilon\sqrt{\rho/\|P\|}$有$\rho=36\kappa_4^2\|P\|^3$。由式（A.89），对任意$0<\varepsilon<\bar{\varepsilon}_2$，$\bar{\varepsilon}_2=1/(6\kappa_1\|P\|)$有$\dot{V}_2\leqslant-\|\zeta\|^2/(3\varepsilon)$，这样，$\dot{V}$在$\Omega_1\times\{V_2(\zeta)=\rho\varepsilon^2\}$边界上的非正定性得证。由式（A.86）和式（A.88）可得，集合Ω对任意$0<\varepsilon\leqslant\varepsilon_1$，$\varepsilon_1=\min\{\bar{\varepsilon}_1,\bar{\varepsilon}_2\}$为正不变。

我们现在证明存在一个时间段$T(\varepsilon)$，轨迹(χ,ξ)将进入集合Ω并留在其中。由于$\chi(t_0)$在Ω_1中且Ω_1为正不变，对于$t\geqslant t_0$，当$0<\varepsilon\leqslant\varepsilon_1$时$\chi(t)$将保留在$\Omega_1$中。也即，存在$T_1$，对$\forall t\in[t_0,T_1]$有$\chi(t)\in\Omega_1$。现在我们检查状态$\zeta$。当$\zeta(t_0)$在集合$\Omega_2$之外时，对$0<\varepsilon\leqslant\varepsilon_1$有$\dot{V}_2\leqslant-\|\zeta\|^2/(3\varepsilon)$，根据比较引理（文献[114]，Lemma 3.4）有

$$V_2\leqslant\zeta^{\mathrm{T}}(t_0)P\zeta(t_0)\mathrm{e}^{\frac{1}{3\varepsilon}(t-t_0)}\leqslant\|P\|\|\zeta(t_0)\|^2\mathrm{e}^{\frac{1}{3\varepsilon}(t-t_0)} \tag{A.89}$$

由式（A.89）可计算得到，在$T(\varepsilon)=3\varepsilon\ln(\|P\|\|\zeta(t_0)\|^2/(\varepsilon^6\rho))+t_0$时$\zeta$的轨迹开始进入集合$\Omega_2$，并在其后即$t\geqslant T(\varepsilon)$时，$\zeta$的轨迹将永远保留在集合$\Omega_2$内部，即满足$V_2\leqslant\rho\varepsilon^2$。

下面我们将证明(χ,ζ)的ISS性。当χ的轨迹进入集合Ω_1后，由性质式（10.12-1）有

$$\|\chi(t)\|\leqslant\alpha_1^{-1}(c)\leqslant\mu_1(\|w\|) \tag{A.90}$$

其中$\mu_1(\|w\|)=\alpha_1^{-1}\cdot\alpha_2\cdot\alpha_3^{-1}\cdot3\beta(\|w\|)$是一个$\mathcal{K}$类函数。当它在集合$\Omega_1$上面的时候，由式（A.86）可知，

$$\dot{V}_1\leqslant-\frac{1}{3}\alpha_3(\|\chi\|)\leqslant-\frac{1}{3}\alpha_3\cdot\alpha_2^{-1}(V_1)$$

根据文献[114]引理4.4，存在一个$\mathcal{KL}$函数γ满足

$$V_1\leqslant\gamma(V_1(\chi(t_0)),t-t_0),\forall V_1(\chi(t_0))\in[0,c] \tag{A.91}$$

这样，由性质式（10.12-1）和式（A.91），有

$$\|\chi(t)\|\leqslant\alpha_1^{-1}(V_1)\leqslant\alpha_1^{-1}\cdot\gamma(V_1(\chi(t_0)),t-t_0)\leqslant\varphi_1(\|\chi(t_0)\|,t-t_0) \tag{A.92}$$

其中$\varphi_1(\|\chi(t_0)\|,t-t_0)=\alpha_1^{-1}\cdot\gamma(\alpha_2(\|\chi(t_0)\|),t-t_0)$是一个$\mathcal{KL}$类函数。由式（A.90）和式（A.92）有

$$\|\chi(t)\|\leqslant\max\{\varphi_1(\|\chi(t_0)\|,t-t_0),\mu_1(\|w\|)\} \tag{A.93}$$

进而，当ζ的轨迹在集合Ω_2之外时，由式（A.83）和式（A.89），

$$\|\zeta(t)\|\leqslant\varphi_2(\|\zeta(t_0)\|,t-t_0) \tag{A.94}$$

其中 $\varphi_2(\|\zeta(t_0)\|, t-t_0) = 1/\varepsilon^2 \sqrt{\|P\|/\lambda_{\min}(P)} e^{-\frac{1}{6\varepsilon}(t-t_0)} \|\zeta(t_0)\|$ 是一个 $\mathcal{KL}$ 类函数。
当进入集合 Ω_2，因式（A.83）和 $V_2 \le \rho\varepsilon^2$，由式（A.89）有

$$\|\zeta\| \le \mu_2(\|w\|) \tag{A.95}$$

其中 $\mu_2(\|w\|) = 6\varepsilon(\kappa_2\|w\| + \kappa_3)\|P\|\sqrt{\|P\|/\lambda_{\min}(P)}$ 是一个 $\mathcal{K}$ 类函数。结合式（A.94）和式（A.95）我们有

$$\|\zeta(t)\| \le \max\{\varphi_2(\|\zeta(t_0)\|, t-t_0), \mu_2(\|w\|)\} \tag{A.96}$$

由式（A.93）和式（A.96）得

$$\left\|\begin{bmatrix}\chi^T(t)\\\zeta^T(t)\end{bmatrix}\right\| \le \max\left\{\varphi\left(\left\|\begin{bmatrix}\chi^T(t_0)\\\zeta^T(t_0)\end{bmatrix}\right\|, t-t_0\right), \mu(\|w\|)\right\}$$

其中 $\varphi = \sqrt{\varphi_1 + \varphi_2}$，$\mu = \sqrt{\mu_1 + \mu_2}$。根据引理 1，输出反馈控制式（10.15）下的闭环系统式（10.17）是 $\mathbb{X} \times \mathbb{W}$ 的 RISS。

为了证明输出反馈控制下与状态反馈控制下状态轨迹的接近性，考虑时间区间 $[t_0, T(\varepsilon)]$，由 $\dot{\xi}$ 和 $\dot{\xi}_s$ 的全局有界性及 $\xi(t_0) = \xi_s(t_0)$，有 $\|\xi(t) - \xi_s(t)\| \le k\breve{T}(\varepsilon)$，其中 $\breve{T}(\varepsilon) = 3\varepsilon\ln(\|P\|\|\zeta(t_0)\|^2/(\varepsilon^6\rho))$，$k$ 为一正常数。由于 $\varepsilon \to 0$ 时 $\breve{T}(\varepsilon) \to 0$，存在 $\varepsilon_1^* > 0$ 对任意 $0 < \varepsilon \le \varepsilon_1^*$ 有 $\|\xi(t) - \xi_s(t)\| \le v$，$v$ 为一正常数。定理 10.1 得证。

参 考 文 献

[1] 喻凡,林逸. 汽车系统动力学 [M]. 北京:机械工业出版社,2010.
[2] WALLENTOWITZ H. 汽车工程学 Ⅱ:汽车垂向和侧向动力学 [M]. 李克强,编注. 北京:机械工业出版社,2009.
[3] 潘公宇,陈龙,江浩斌,等. 汽车系统动力学基础及其技术 [M]. 北京:清华大学出版社,2017.
[4] 王霄锋. 汽车悬架和转向系统设计 [M]. 北京:清华大学出版社,2015.
[5] 耶尔森. 赖姆帕尔. 汽车悬架 [M]. 李旭东,译. 北京:机械工业出版社,2015.
[6] SAVARESI S M, POUSSOT - VASSAL C, SENAME C, et al. Semi - Active Suspension Control Design for Vehicles [M]. Oxford, U. K.:Butterworth - Heinemann, 2010.
[7] 张孝祖. 车辆控制理论基础及应用 [M]. 北京:化学工业出版社,2007.
[8] 雷靖. 时滞悬挂系统最优减振控制 [M]. 昆明:云南大学出版社,2013.
[9] 张蕾. 汽车电子控制技术 [M]. 2 版. 北京:清华大学出版社,2014.
[10] 曹红兵. 现代汽车电子控制技术 [M]. 北京:机械工业出版社,2017.
[11] 吴海东. 汽车车载网络控制技术 [M]. 北京:机械工业出版社,2016.
[12] 凌永成,王岩松. 汽车网络技术 [M]. 北京:清华大学出版社,2012.
[13] 杨伟. 基于 CAN 总线的汽车主动式空气悬架系统控制研究 [D]. 合肥:合肥工业大学,2012.
[14] 韩智阳. 基于 CAN 总线的汽车电控空气悬架仿真分析与控制 [D]. 长春:吉林大学,2005.
[15] 崔胜民. 智能网联汽车新技术 [M]. 北京:化学工业出版社,2017.
[16] LI H, LIU H, HAND S, et al. A study on half - vehicle active suspension control using sampled - data control [C]. [sl:sn] 2011 Chinese Control and Decision Conference, pp. 2635 - 2640, 2011.
[17] GAO H, SUN W, SHI P. Robust sampled - data H_∞ control for vehicle active suspension systems [J]. IEEE Transactions on Control Systems Technology, 2010, 18 (1):238 - 245.
[18] LEI J. Optimal vibration control for uncertain nonlinear suspension sampled - data systems with actuator and sensor delays:application to a vehicle suspension [J]. ASME Journal of Dynamic Systems, Measurement and Control, 2013, 315 (2):02—021.
[19] MIDDLERTON R H, GOODWIN G C. Improved finite word length characteristics in digital control using delta operators [J]. IEEE Transactions on Automatic Control, 1986, AC - 31 (11):1015 - 1021.
[20] MIDDLERTON R H, GOODWIN G C. Digital Control and Estimation:A Unified Approach [M]. NJ:Prentice Hall, Englewood Cliffs, 1990.
[21] 李慧光,武波,李国友,等. Delta 算子控制及其鲁棒控制理论基础 [M]. 北京:国防工业出版社,2005.
[22] YUE D, HAN Q L, LAM J. Network - based robust control of systems with uncertainty [J]. Automatica, 2005, 41 (6):999 - 1007.

[23] BEMPORAD A, HEEMELS M, JOHANSSON M, et al. Networked control systems, Lecture Notes in Control and Information Sciences [M]. London: Springer, 2010.

[24] 邱占芝, 张庆灵, 杨春雨. 网络控制系统分析与控制 [M]. 北京: 科学出版社, 2009.

[25] GU K, KHARITONOV V L, CHEN J. Stability of Time-Delay Systems [M]. Berlin: Springer-Verlag, 2003.

[26] KRISTIC M. Delay Compensation for Nonlinear, Adaptive, and PDE Systems [M]. Basel: Birkhauser, 2009.

[27] MICHIELS W, NICULESCU S I. Stability, Control and Computation of Time Delay Systems: An Eigenvalue Based Approach [M]. 2nd ed. Philadelphia: SIAM Publications, 2014.

[28] FRIDMAN E. Introduction to time-delay systems [M]. Basel: Birkhauser, 2014.

[29] SUN W, ZHAO Y, LI J, et al. Active suspension control with frequency band constraints and actuator input delay [J]. IEEE Transactions on Industrial Electronics, 2012, 59 (1): 530-537.

[30] 胡海岩. 振动主动控制中的时滞动力学问题 [J]. 振动工程学报, 1997, 10 (3): 273-279.

[31] HU H, WANG Z. Dynamics of controlled mechanical systems with delayed feedback [M]. Berlin: Springer-Verlag, 2002.

[32] 张文丰, 翁建生, 胡海岩. 时滞对车辆悬架"天棚"阻尼控制的影响 [J]. 振动工程学报, 2003, 12 (4): 37-43.

[33] 张文丰, 胡海岩. 含时滞的 LQ 控制车辆悬架的研究 [J]. 应用力学学报, 2003, 1: 37-42.

[34] 汪若尘, 陈龙, 江浩斌. 时滞半主动悬架大系统低阶控制研究 [J]. 中国机械工程, 2007, 18 (11): 1382-1385.

[35] 汪若尘, 陈龙, 江浩斌. 时滞半主动悬架模糊神经网络控制 [J]. 农业机械学报, 2007, 38 (7): 10-12.

[36] DU H, ZHANG N. H_∞ control of active vehicle suspensions with actuator time delay [J]. Journal of Sound and Vibration, 2007, 301 (1-2): 236-252.

[37] DU H, ZHANG N, LAM J. Parameter-dependent input-delayed control of uncertain vehicle suspensions [J]. Journal of Sound and Vibration, 2008, 317 (3-5): 236-252.

[38] SARGENT R W H. Optimal control [J]. Journal of Computational and Applied Mathematics, 2000, 124 (1-2): 361-371.

[39] BANKS S P, MHANA K J. Optimal control and stabilization for nonlinear systems [J]. IMA Journal of Mathematical Control and Information, 1992, 9 (2): 179-196.

[40] MANOUSIOUTHAKIS V, CHMIELEWSKI D J. On constrained infinite-time nonlinear optimal control [J]. Chemical Engineering Science, 2002, 57 (1): 105-114.

[41] ITO H, FREEMAN R A. Uniting local and global controllers for uncertain nonlinear systems: beyond global inverse optimality [J]. Systems and Control Letters, 2002, 45 (1): 59-79.

[42] ALIYU M D S. A transformation approach for solving the Hamilton-Jacobi-Bellman equation in H_2 deterministic and stochastic optimal control of affine nonlinear systems [J]. Automatica, 2003, 39 (7): 1243-1249.

[43] CHANANE B. Optimal control of nonlinear systems: a recursive approach [J]. Computers & Mathematics with Applications, 1998, 35 (3): 29 – 33.

[44] BEARD R W, SARIDIS G N, WEN J T. Galerkin approximation of the generalized Hamilton – Jacobi – Bellman equation [J]. Automatica, 1997, 33 (12): 2159 – 2177.

[45] CIMEN T, BANKS S P. Global optimal feedback control for general nonlinear systems with nonquadratic performance criteria [J]. Systems & Control Letters, 2004, 53 (5): 327 – 346.

[46] CIMEN T, BANKS S P. Nonlinear optimal tracking control with application to super – tankers for autopilot design [J]. Automatica, 2004, 40 (11): 1845 – 1863.

[47] KOLMANVSKII V B, SHAIKHET L E. Control of systems with aftereffect [J]. Transaction of Mathematical Monographs, American Mathematical Society, 1996, Providence, RI, 157.

[48] BALACHANDRAN K. Existence of optimal control for nonlinear multiple delay system [J]. International Journal of Control, 1989, 49 (3): 769 – 775.

[49] MOON Y S, POOGYEON P, KWON W H. Robust stabilization of uncertain input – delayed systems using reduction method [J]. Automatica, 2001, 37 (2): 307 – 312.

[50] ARIOLA M, PIRONTI A. Optimal terminal control for linear systems with delayed states and controls [J]. Automatica, 2008, 44 (10): 2676 – 2679.

[51] RICCARD J P. Time – delay systems: an overview of some recent advances and open problems [J]. Automatica, 2003, 39 (10): 1667 – 1694.

[52] ZHONG Q C. Robust stability analysis of simple systems controlled over communication networks [J]. Automatica, 2003, 39 (7): 1309 – 1312.

[53] ABDALLAH C T, DORATO P, BENITEZ – READ J. Delayed positive feedback can stabilize oscillatory systems [C]. Proceedings of American Control Conference, 1993, 3: 3106 – 3107.

[54] NICULESCU S I, MICHIELS W. Stabilizing a chain of integrators using multiples delays [J]. IEEE Transactions on Automatic Control, 2004, 49 (5): 802 – 807.

[55] PYRAGAS K. Continuous control of chaos by self – controlling feedback [J]. Physics Letter A, 1992, 170 (6): 421 – 428.

[56] KOKAME H, MORI T. Stability preserving transition from derivative feedback to its difference counterparts [C]. [sl: sn] Proceedings of 14th IFAC World Congress, Barcelone, Spain, 2002, PP. 2428.

[57] COOKE K L, VAN DEN DRIESSCHE P. On zeroes of some transcendental equations [J]. Funkcialaj Ekvacioj, 1986, 29: 77 – 90.

[58] MALAKHOVSKI E, MIRKIN L. On stability of second – order quasi – polynomials with a single delay [J]. Automatica, 2006, 42 (6): 1041 – 1047.

[59] MICHIELS W, NICULESCU S I, MOREAU L. Using delays and time – varying gains to improve the static output feedback stabilizability of linear systems: A comparison [J]. IMA Journal of Mathematical Control and Information, 2004, 21 (4): 393 – 418.

[60] AHMADIAN M, SONG X, SOUTHWARD S C. No – jerk skyhook control methods for semiactive suspensions [J]. ASME Journal of Vibration and Acoustics, 2004, 126 (4): 580 – 584.

[61] SONG X, AHMADIAN M, SOUTHWARD S, et al. An Adaptive Semiactive Control Algorithm for

Magnetorheological Suspension Systems [J]. ASME Journal of Vibration and Acoustics, 2005, 127 (5): 493 – 502.

[62] CORONA D, GIUA A, SEATZU C. Optimal control of hybrid automata: design of a semiactive suspension [J]. Control Engineering Practice, 2004, 12 (10): 1305 – 1313.

[63] ELBEHEIRY E M, KARNOPP D C. Optimal control of vehicle random vibration with constrained suspension deflection [J]. Journal of Sound and Vibration, 1996, 189 (5): 547 – 564.

[64] HROVAT D. Survey of advanced suspension developments and related optimal control applications [J]. Automatica, 1997, 33 (10): 1781 – 1817.

[65] THOMPSON A G. An active suspension with optimal linear state feedback [J]. Vehicle System Dynamics, 1976, 5: 187 – 203.

[66] KIM Y H, LEWIS F L, DAWSON D M. Intelligent optimal control of robotic manioulators using neural networks [J]. Automatica, 2000, 36: 1355 – 1364.

[67] ABU – KHALAF M, LEWIS F L. Nearly optimal control laws for nonlinear systems with saturating actuators using a Neural Network HJB approach [J]. Automatica, 2005, 41: 779 – 791.

[68] NAYERI M R D, ALASTY A, DANESHJOU K. Neural optimal control of flexible spacecraft slew maneuver [J]. Acta Astronautica, 2004, 55: 817 – 827.

[69] XU J, FEI J. Neural Network predictive control of vehicle suspension [C]. [sl: sn] 2nd International Conference on Information Science and Engineering, 2010, pp. 1319 – 1322.

[70] DAHUNSI O A, PEDRO J O, NYANDORO O T. Neural Network – based model predictive control of a servo – hydraulic vehicle suspension system [C]. [sl: sn] AFRICON'09 2009, pp. 1 – 6.

[71] CHEN S, ZHAO Y. Investigation of semi – active hydro – pneumatic suspension control using Neural Network based sliding mode method [C]. [sl: sn] 3rd International Conference on Advanced Computer Control, 2011, pp. 256 – 260.

[72] CHENG J, XU C, LOU S. A sliding mode semi – active control for suspension based on Neural Network [C]. [sl: sn] 7th World Congress on Intelligent Control and Automation, 2008, pp. 6143 – 6148.

[73] AL – HOLOU N, LAHDHIRI T, JOO D S, et al. Sliding mode Neural Network inference fuzzy logic control for active suspension systems [J]. IEEE Transactions on Fuzzy Systems, 2002, 10 (2): 234 – 246.

[74] WU S J, WU C T, LEE T T. Neural – network – based optimal fuzzy control design for half – car active suspension systems [C]. [sl: sn] Proceedings of Intelligent Vehicles Symposium, 2005, pp. 376 – 381.

[75] TANG C, ZHAO G, LI H, ZHOU S. Research on Suspension System Based on Genetic Algorithm and Neural Network Control [C]. [sl: sn] 2nd International Conference on Intelligent Computation Technology and Automation, vol. 1, 2009, pp. 468 – 471.

[76] ZAPATEIRO M, LUO N, KARIMI H R, et al. Vibration control of a class of semiactive suspension system using Neural Network and backstepping techniques [J]. Mechanical Systems and Signal Processing, 2009, 23 (6): 1946 – 1953.

[77] XIANG W, XIAO J. H_∞ finite – time control for switched nonlinear discrete – time systems with

norm – bounded disturbance [J]. Journal of the Franklin Institute, 2011, 348 (2): 331 – 352.

[78] WANG Y, FENG G, CHENG D, et al. Adaptive L_2 disturbance attenuation control of multi – machine power systems with SMES units [J]. Automatica, 2006, 42 (7): 1121 – 1132.

[79] SUI D, FENG L, HOVD M, et al. Decomposition principle in model predictive control for linear systems with bounded disturbances [J]. Automatica, 2009, 45 (8): 1917 – 1922.

[80] CHANG J L. Dynamic output integral sliding – mode control with disturbance attenuation [J]. IEEE Transactions on Automatic Control, 2009, 54 (11): 2653 – 2658.

[81] KARIMI H R. Optimal disturbance rejection of vehicle engine – body system using haar functions [J]. International Journal of Control, Automation, and Systems, 2006, 4 (6): 714 – 724.

[82] HUANG C H. An optimal control problem for a generalized vibration system in estimation instantaneously the optimal control forces [J]. Journal of the Franklin Institute, 2003, 340 (5): 327 – 347.

[83] PARK Y. Robust and optimal attitude stabilization of spacecraft with external disturbances [J]. Aerospace Science and Technology, 2005, 9 (3): 253 – 259.

[84] CAO W J, XU J X. Nonlinear integral – type sliding mode surface for both matched and unmatched uncertain systems [J]. IEEE Transactions on Automatic Control, 2004, 49 (8): 1355 – 1360.

[85] PRISCOLI F D, PIETRABISSA A. Control – based connection admission control and downlink congestion control procedures for satellite networks [J]. Journal of the Franklin Institute, 2009, 346 (9): 923 – 944.

[86] DAI J. A delay system approach to networked control systems with limited communication capacity [J]. Journal of the Franklin Institute, 2010, 347 (7): 1334 – 1352.

[87] ZHANG W A, YU L, YIN S. A switched system approach to H_∞ control of networked control systems with time – varying delays [J]. Journal of the Franklin Institute, 2011, 348 (2): 165 – 178.

[88] GOUAISBAUT F, DAMBRINE M, RICHARD J P. Robust control of delay systems: a sliding mode control design via LMI [J]. Systems and Control Letters, 2002, 46 (4): 219 – 230.

[89] BASIN M V, FRIDMAN L M, RODRIGUEZ – GONZALEZ J, et al. Optimal and robust sliding mode control for linear systems with multiple time delays in control input [J]. Asian Journal of Control, 2003, 5 (4): 557 – 567.

[90] HASSANZADEH I, ALIZADEH G, SHIRJOPOSHT N P, et al. A new optimal nonlinear approach to half car active suspension control [J]. IACSIT International Journal of Engineering and Technology, 2010, 2 (1): 78 – 84.

[91] PEDRO J O, DAHUNSI O A. Neural network based feedback linearization control of a servo – hydraulic vehicle suspension system [J]. International Journal of Applied Mathematics and Computer Science, 2011, 21 (1): 137 – 147.

[92] CHEN P C, HUANG A C. Adaptive sliding control of non – autonomous active suspension systems with time – varying loadings [J]. Journal of Sound and Vibration, 2005, 282 (3 – 5): 1119 – 1135.

[93] CHOI S B, HAN S S. H_∞ control of electrorheological suspension system subjected to parameter

uncertainties [J]. Mechatronics, 2003, 13 (7): 639 – 657.

[94] GASPAR P, SZASZI I, BOKOR J. Design of robust controllers for active vehicle suspensions using the mixed μ synthesis [J]. Vehicle System Dynamics, 2003, 40 (4): 193 – 228.

[95] FIAGBEDZI Y A, PEARSON A E. Feedback stabilization of linear autonomous time lag systems [J]. IEEE Transactions on Automatic Control, 1986, AC – 31 (9): 847 – 855.

[96] FIAGBEDZI Y A, PEARSON A E. A multistage reduction technique for feedback stabilizing distributed time – lag systems [J]. Automatica, 1987, 23 (3): 311 – 326.

[97] ZHENG F, CHENG M, GAO W. Feedback stabilization of linear systems with point delays in state control variables [J]. Acta Mathematicae Applicatae Sinica, 1996, 19 (2): 165 – 173.

[98] RANDAL W B, TIMOTHY W M. Successive Galerkin approximation algorithms for nonlinear optimal and robust control [J]. International Journal of Control, 1998, 71: 717 – 743.

[99] BANKS S P, DINESH K. Approximate optimal control and stability of nonlinear finite – and infinite – dimensional systems [J]. Annals of Operations Research, 2000, 98: 19 – 44.

[100] BANKS S P, MCCAFFREY D. Lie algebras, structure of nonlinear systems and chaotic motion [J]. International Journal of bifurcation and Chaos, 1998, 8 (7): 1437 – 1462.

[101] 雷靖. 含有控制时滞系统的最优扰动抑制方法研究 [D]. 青岛：中国海洋大学, 2008.

[102] 雷靖. 时滞系统的最优减振控制及在汽车悬挂系统中的应用研究 [D]. 青岛：中国海洋大学, 2010.

[103] GAO W B, HUANG J C. Variable structure control of nonlinear systems: a new approach [J]. IEEE Transactions on Industrial Electronics, 1993, 40: 45 – 55.

[104] PISANO A, USAI E. Output – feedback control of an underwater vehicle prototype by higher – order sliding modes [J]. Automatica, 2004, 40 (9): 1525 – 1531.

[105] SPIERS A, HERRMANN G, MELHUISH C. An optima sliding mode controller applied to human motion synthesis with robotic implementation [C]. [sl, sn] American Control Conference 2010, pp. 991 – 996.

[106] ALANIS A Y, SANCHEZ E N, LOUKIZNOV A G, et al. Real – time discrete neural block control using sliding modes for electric induction motors [J]. IEEE Transactions on Control Systems Technology, 2010, 18 (1): 11 – 21.

[107] 高为炳. 变结构控制理论基础 [M]. 北京：中国科学技术出版社, 1990.

[108] KIM C, RO P I. A sliding mode controller for vehicle active suspension systems with non – linearities [J]. Journal of Automobile Engineering, Proceedings Part D, 1998, 212 (D2): 79 – 92.

[109] NARAYANAN S, RAJU G V. Active control of non – stationary response of vehicles with nonlinear suspensions [J]. Vehicle System Dynamics, 1992, 21 (1): 73 – 88.

[110] NARAYANAN S, SENTHIL S. Stochastic optimal active control of a 2 – DOF quarter car model with nonlinear passive suspension elements [J]. Journal of Sound and Vibration, 1998, 211 (3): 495 – 506.

[111] TUAN H D, ONO E, APKARIAN P, et al. Nonlinear H_∞ control for an integrated suspension system via parameterized linear matrix inequality characterizations [J]. IEEE Transactions on

Control System Technology, 2001, 9 (1): 175 - 185.

[112] KARLSSON N, DAHLEH M, HROVAT D. Nonlinear H_∞ control of active suspensions [C]. [sl: sn] Proceedings of American Control Conference, Arlington, USA, 2001, 5: 3329 - 3334.

[113] ALLEYNE A, HEDRICK K. Nonlinear adaptive control of active suspensions [J]. IEEE Transactions on Control Systems Technology, 1995, 3 (1): 94 - 101.

[114] KHALIL H K. Nonlinear Systems, 3rd Edition [M]. Upper Saddle River: Prentice - Hall, 2002.

[115] ISIDORI A. Nonlinear Control Systems [M]. 3rd ed. Berlin: Springer, 1995.

[116] PEDRO J O, DAHUNSI O A. Neural network based feedback linearization control of a servo - hydraulic vehicle suspension system [J]. International Journal of Applied Mathematics and Computer Science, 2011, 21 (1): 137 - 147.

[117] SEO J, VENUGOPAL R, KENNE J. Feedback linearization based control of a rotational hydraulic drive [J]. Control Engineering Practice, 2007, 15 (2): 1495 - 1507.

[118] GOODWIN G C, ROJAS O, TAKATA H. Nonlinear control via generalized feedback linearization using neural networks [J]. Asian Journal of Control, 2001, 3 (2): 79 - 88.

[119] JALILI N, ESMAILZADEH E. Optimum active vehicle suspensions with actuator time delay [J]. Journal of Dynamic Systems, Measurement, and Control, 2001, 123 (1): 54 - 61.

[120] LI H, JING X, KARIMI H R. Output - feedback - based H_∞ Control for vehicle suspension systems with control delay [J]. IEEE Transactions on Industrial Electronics, 2014, 61 (1): 436 - 446.

[121] LITAK G, BOROWIEC M, FRISWELL M I, et al. Chaotic vibration of a quarter - car model excited by the road surface profile [J]. Communications in Nonlinear Science and Numerical Simulation, 2008, 13 (7): 1373 - 1383.

[122] SZASZI I, GASPAR P, BOKOR J. Nonlinear active suspension modeling using linear parameter varying approach [C]. [sl: sn] Proceedings of the 10th Mediterranean Conference on Control and Automation, Lisbon, Portugal, July 9 - 12, 2002.

[123] HASSANZADEH I, ALIZADEH G, SHIRJOPOSHT N P, et al. A new optimal nonlinear approach to half car active suspension control [J]. IACSIT International Journal of Engineering and Technology, 2010, 2 (1): 78 - 84.

[124] ASTROM K, WITTENMARK B. Computer - Controlled Systems: Theory and Design [M]. 3rd ed. Englewood Cliffs: Prentice Hall, 1997.

[125] FRANKLIN G F, POWELL J D, WORKMAN M. Digital Control of Dynamic Systems [M]. 3rd ed. [sl]: Addison Wesley Longman, 1997.

[126] JURY E I. Sampled - Data Control Systems [M]. New York: John Wiley, 1958.

[127] RAGAZZINI J, FRANKLINN G F. Sampled - Data Control Systems [M]. New York: McGraw - Hill, 1958.

[128] YUZ J I, GOODWIN G C. Sampled - Data Models for Linear and Nonlinear Systems [M]. Berlin: Springer, 2014.

[129] ALMEIDA J, SILVESTRE C. Self-triggered output feedback control of linear plants in the presence of unknown disturbances [J]. IEEE Transactions on Automatic Control, 2014, 59 (11): 3040-3045.

[130] ARCAK M, NESIC D. A framework for nonlinear sampled-data observer design via approximate discrete-time models and emulation [J]. Automatica, 2004, 40 (11): 1931-1938.

[131] HEIKZADEH H, MARQUEZ H J. Multirate observers for nonlinear sampled-data systems using input-to-state stability and discrete-time approximation [J]. IEEE Transactions on Automatic Control, 2014, 59 (9): 2469-2474.

[132] BEIKZADEH H, MARQUEZ H J. Input-to-error stable observer for nonlinear sampled-data systems with application to one-sided Lipschitz systems [J]. Automatica, 2016, 67: 1-7.

[133] LAILA D S, NESIC D, TEEL A R. Open and closed loop dissipation inequalities under sampling and controller emulation [J]. European Journal of Control, 2002, 8 (2): 109-125.

[134] NESIC D, TEEL A R, KOKOTOVIC P V. Sufficient conditions for stabilization of sampled-data nonlinear systems via discrete-time approximations [J]. Systems and Control Letters, 1999, 38 (4): 259-270.

[135] NESIC D, LAILA D S. A note on input-to-state stabilization for nonlinear sampled-data systems [J]. IEEE Transactions on Automatic Control, 2002, 47 (7): 1153-1158.

[136] NESIC D, TEEL A R. A framework for stabilization of nonlinear sampled-data systems based on their approximate discrete-time models [J]. IEEE Transactions on Automatic Control, 2004, 49 (7): 1103-1122.

[137] USTUNTURK A. Output feedback stabilization of nonlinear dual-rate sampled-data systems via an approximate discrete-time model [J]. Automatica, 2012, 48 (8): 1796-1802.

[138] YUZ J I, GOODWIN G C. On sampled-data models for nonlinear systems [J]. IEEE Transactions on Automatic Control, 2005, 50 (10): 1477-1489.

[139] DABROOM A, KHALIL H K. Output feedback sampled-data control of nonlinear systems using high-gain observers [J]. IEEE Transactions on Automatic Control, 2001, 46 (11): 1712-1725.

[140] KARAFYLLIS I, FRAVARIS C. Global stability results for systems under sampled-data control [J]. International Journal of Robust and Nonlinear Control, 2009, 19 (10): 1105-1128.

[141] KHALIL H K. Performance recovery under output feedback sampled-data stabilization of a class of nonlinear systems [J]. IEEE Transactions on Automatic Control, 2004, 49 (12): 2173-2184.

[142] KHALIL H K. Analysis of sampled-data high-gain observers in the presence of measurement noise [J]. European Journal of Control, 2009, 15 (2): 166-176.

[143] NESIC D, TEEL A R, SONTAG E D. Formulas relating stability estimates of discrete-time and sampled-data nonlinear systems [J]. Systems and Control Letters, 1999, 38 (1): 49-60.

[144] WU B, DING Z. Practical disturbance rejection of a class of nonlinear systems via sampled output [J]. Journal of Control Theory and Applications, 2010, 8 (3): 382-389.

[145] TANASA V, MONACO S, NORMAND-CYROT D. Backstepping control under multi-rate

sampling [J]. IEEE Transactions on Automatic Control, 2016, 61 (5): 1208 – 1222.

[146] MONACO S, NORMAND – CYROT D. Advanced tools for nonlinear sampled – data systems: analysis and control [J]. European Journal of Control, 2007, 13 (2 – 3): 221 – 241.

[147] MORAAL P E, GRIZZLE J W. Observer design for nonlinear systems with discrete – time measurements [J]. IEEE Transactions on Automatic Control, 1995, 40 (3): 395 – 404.

[148] PEDRO J O, DAHUNSI O A. Neural network based feedback linearization control of a servo – hydraulic vehicle suspension system [J]. International Journal of Applied Mathematics and Computer Science, 2011, 21 (1): 137 – 147.

[149] LE J, JIANG Z, LI Y, et al, Active vibration control for nonlinear vehicle suspension systems with actuator delay via I/O feedback linearization [J]. International Journal of Control, 2014, 87 (10): 2081 – 2096.

[150] FREIDOVICH L B, KHALIL H K. Performance recovery of feedback – linearization – based designs [J]. IEEE Transactions on Automatic Control, 2008, 53 (10): 2324 – 2334.

[151] MAKIHARA G, YOKOMICHI M, KONO M. Design of nonlinear controllers for active vehicle suspension with state constraints [J]. Artif Life Robotics, 2008, 13: 41 – 44.

[152] CORIC M, DEUR J, XU L, et al. Optimisation of active suspension control inputs for improved vehicle ride performance [J]. Vehicle System Dynamics, 2016, 54 (7): 1004 – 1030.

[153] JALILI N, ESMAILZADEH E. Optimum active vehicle suspensions with actuator time delay [J]. ASME Transactions Journal of Dynamic Systems, Measurement and Control, 2001, 123: 54 – 61.

[154] WILSON D A, SHARP R S, HASSAN S A. The application of linear optimal control theory to the design of active automotive suspensions [J]. Vehicle System Dynamics, 1986, 15 (2): 105 – 118.

[155] BENDER E K. Optimum linear preview control with application to vehicle suspension [J]. Journal of Basic Engineering Series, 1968, 100: 213 – 221.

[156] TOMIZUKA M. Optimum linear preview control with application to vehicle suspension – revisited [J]. ASME Journal of Dynamic Systems, Measurement and Control, 1976, 98 (3): 309 – 315.

[157] MARZBANRAD J, AHMADI G, ZOHOOR H, et al. Stochastic optimal preview control of a vehicle suspension [J]. Journal of Sound and Vibration, 2004, 275 (3 – 5): 973 – 990.

[158] ZUO L, NAYFEH S A. Structured optimization of vehicle suspensions based on multi – wheel models [J]. Vehicle Systems Dynamics, 2003, 40 (5): 351 – 371.

[159] PAPAGEORGIOU C, SMITH M C. Positive real synthesis using matrix inequalities for mechanical networks: application to vehicle suspension [J]. IEEE Transactions on Control Systems Technology, 2006, 14 (3): 423 – 435.

[160] KIM C, RO P I. A sliding mode controller for vehicle active suspension systems with non – linearities [J]. Journal of Automobile Engineering, Proceedings Part D, 1998, 212 (D2): 79 – 92.

[161] NARAYANAN S, RAJU G V. Active control of non – stationary response of vehicles with nonlinear suspensions [J]. Vehicle System Dynamics, 1992, 21 (1): 73 – 88.

[162] NARAYANAN S, SENTHIL S. Stochastic optimal active control of a 2 – DOF quarter car model with nonlinear passive suspension elements [J]. Journal of Sound and Vibration, 1998, 211 (3): 495 – 506.

[163] GILLESPIE T D. Fundamentals of vehicle dynamics [M]. Beijing: Tsinghua University Press, 2006.

[164] LITAK G, BOROWIEC M, MICHAEL I F, et al. Chaotic vibration of a quarter – car model excited by the road surface profile [J]. Communications in Nonlinear Science and Numerical Simulation, 2008, 13 (7): 1373 – 1383.

[165] VAHIDI A, ESKANDARIAN A. Predictive time – delay control of vehicle suspensions [J]. Journal of Vibration and Control, 2011, 7: 1195 – 1211.

[166] JIN X, YIN G, BIAN C, et al. Gain – Scheduled vehicle handling stability control via integration of active front steering and suspension systems [J]. ASME Transactions Journal of Dynamic Systems, Measurement and Control, 2016, 138: 014501 – 1 – 12.

[167] HUANG C J, LI T H S, CHEN C C. Fuzzy feedback linearization control for MIMO nonlinear system and its application to full – vehicle suspension system [J]. Circuits Systems and Signal Processing, 2009, 28: 959 – 991.

[168] SUN X, CAI Y, CHEN L, et al. Vehicle height and posture control of the electronic air suspension system using hybrid system approach [J]. Vehicle System Dynamics, 2005, 281 (3 – 5): 1119 – 1135.

[169] KHALIL H K. Nonlinear Control [M]. Upper Saddle River: Pearson Education, 2015.

[170] KHALIL H K. Extended high – gain observers as disturbance estimators [J]. SICE Journal of Control, Measurement, and System Integration, 2017, 10 (3): 125 – 134.

[171] LANCASTER P, LERER L, TISMENETSKY M. Factored forms for solutions of and in companion matrices [J]. Linear Algebra and Its Applications, 1984, 62: 19 – 49.